Modern Leading –

der neue Ratgeber für Führungskräfte

Wie Sie Mitarbeiter führen und motivieren.

Effektive Führungsstile & -techniken zur authentischen Führung

Dr. Alexander F. Rautenberg

GREEN INDIE
PUBLISHING

1. Auflage 2020

ISBN: 978-3-96899-013-2

Dr. Alexander F. Rautenberg

GREEN INDIE PUBLISHING

1. Auflage 2020

ISBN: 978-3-96899-014-9

2

Inhalt

Einleitung ... 7

Grundvoraussetzungen als Führungskraft ... 9

„Moderne“ Tugenden ... 10

Verschiedene Kompetenzen ... 11

Effektivität bei der Arbeit ... 12

Das richtige Durchsetzen Ihrer Meinung ... 15

Vertrauen, der Schlüssel zum Erfolg! ... 17

Selbstdisziplin ... 18

Zwischenmenschliche Erfahrung ... 22

Wichtige Werte vertreten ... 22

TEIL 1: Auf dem Weg zur Führungskraft! ... 25

Charaktergerechte Führung ... 25

Selbsttest - Welche Führungskraft sind Sie? ... 27

Relevante Aufgaben als Führungskraft ... 31

Was erleichtert den Aufstieg? ... 34

Vorbereitung und Einstieg in die neue Führungsrolle ... 37

Diese Schritte sollten Sie beachten, wenn das Unternehmen ein neues für Sie ist ... 38

Folgende Schritte sind im „alten“ Unternehmen relevant ... 40

Diese Schritte sollten Sie im „alten“ und neuen Unternehmen gehen ... 40

Häufige Fehler in der Führung ... 42

Die Verhandlung ums Geld ... 47

Tipps für „Young Professionals“ ... 49

TEIL 2: Fortgeschrittene 54
TEST: Ihre Stärken und Schwächen als Führungskraft 54
Führungsstile unter der Lupe 61
Autokratisch-autoritärer Führungsstil 61
Bürokratischer Führungsstil 62
Demokratisch-kooperativer Führungsstil 62
Laissez-faire Führungsstil 62
Partizipativer Führungsstil 63
Transformationale Führung 63
Situativer Führungsstil 63
Charismatischer Führungsstil 63
Die verschiedenen Führungsmodelle & -techniken 64
Das Gruppenkonzept 64
Drei-Abteilungen-Führungsmodell 64
X-Y-Theorie 65
Management & Zielerreichung 65
Management & Resultate 66
Management & Entlastung 66
Management & Delegieren 67
Direkte und indirekte Führungsmittel 67
Die Psychologie der Motivation 69
Grundlagen der Motivationspsychologie 69
Techniken der Motivation 71
Mitarbeitergespräche & Zielvereinbarungen 74
Muster einer Zielvereinbarung 77

Mitarbeiter beurteilen ... 82
Mitarbeiteranalyse ... 85
Personalentwicklung ... 86
Personalmanagement ... 87
Organisation ... 88
Aufgabenplanung ... 88
Selbstorganisation ... 89
Projektmanagement & Zusammenstellen der Teams ... 92
Zusammenstellung und Führung ... 92
Meilensteinplanung ... 94
Planung & Moderation & Projektsitzung ... 95
Termin- und Meilensteinkontrolle ... 97
Teamwork - gut oder schlecht? ... 97
Stress & erfolgreiche Konfliktlösung als Führungskraft ... 99
Ethik & Moral & Alltag ... 102
Zusammenfassung – die wichtigsten Tipps für erfolgreiche Führungskräfte auf einen Blick ... 104
Bonus – Crashkurs Manipulation in der Arbeitswelt ... 105
Grundlagen der Manipulationsvorbereitung ... 109
Manipulationstechniken ... 111
Schluss ... 114
Danke ... 115
Über den Autor ... 116
Ich freue mich über Ihr Feedback ... 117
Haftungsausschluss ... 118

Urheberrecht..119

Impressum 120

Einleitung

Die Unternehmensziele immer im Blick?

Damit Sie den roten Faden als Führungskraft im stressigen Alltag nicht aus den Augen verlieren, erhalten Sie in diesem Buch wichtige Tipps und Tricks.

Als Führungskraft ist es von Bedeutung, zwischen den vielen Zielen und Routineaufgaben den Überblick zu halten und stets ein gutes Miteinander zu pflegen. Damit Ihnen das gelingt, gilt es die Mitarbeiter mit Klarheit, Sensibilität und Einfühlungsvermögen zu führen.

Die unzähligen Führungsstrategien und -techniken gestalten einem den Überblick auf diesem Gebiet oft schwer. Jeden Tag werden neue Methoden vorgestellt. Die Trends versprechen ein effizienteres Arbeiten und mehr Erfolg und Ansehen als Führungsperson.
Doch welche Qualitäten sind unerlässlich als guter „Leader“?
Welche Werkzeuge und Arbeitsmethoden setzen sich durch?
Was ist im Arbeitsalltag wirklich leicht umzusetzen?
Sie erhalten in diesem Buch genaue Antworten auf Ihre Fragen, die Ihnen einen Überblick ermöglichen. Mein Ratgeber richtet

sich sowohl an erfahrene Führungskräfte als auch an solche, die sich, bevor sie eine gehobene Position annehmen, erst darauf vorbereiten möchten.
Nutzen Sie die Möglichkeit, Ihr Können zu überprüfen und Ihr Kontingent zu erweitern.

Ich wünsche Ihnen viel Erfolg!

Grundvoraussetzungen als Führungskraft

Es gibt kein eindeutiges Muster, welches eine gute Führungskraft zu erfüllen hat, doch es gibt bestimmte Merkmale, die eine solche Person auf jeden Fall mit sich bringen sollte. Die so genannten Grundvoraussetzungen. Wir können diese grob unterteilen in Soft Skills (betreffen vor allem das soziale Miteinander) und Hard Skills (betreffen Fachkompetenzen, zum Beispiel das Bedienen einer bestimmten Technik).

Soziale Interaktionen sind ein zentrales Gebiet, damit diese problemlos vonstattengehen, sollte die soziale Kompetenz ausgeprägt sein. Unter einer sozialen Kompetenz verstehen sich Fertigkeiten, die für das Zwischenmenschliche wichtig sind. Diese Eigenschaften sind im alltäglichen Geschäftsleben jede Sekunde gefragt.

Die sogenannte soziale Intelligenz ist eine grundlegende Fähigkeit, tragfähige Beziehungen zu Mitarbeitern und Kunden aufzubauen und zu erhalten. Auf diesem Gebiet ist eine stetige Weiterentwicklung unerlässlich.

Hard Skills sind beispielsweise Fertigkeiten, eine bestimmte Technik oder Elektronik zu bedienen. Auch Expertise aus anderen Bereichen, zum Beispiel Fachwissen aus der Buchhaltung, dem IT, dem Verkauf, der Gesundheitslehre oder dem Sport, wird dazu gezählt.

„Moderne“ Tugenden

Glaubwürdigkeit und Zuverlässigkeit sind sehr gefragt, als Führungskraft sollten Sie diese Anforderungen erfüllen. Natürlich sollte ein Mensch, der andere führt, jemand sein, auf dem man sich verlassen kann.
Außerdem sollten Sie ein mitfühlender Mensch sein, der sich gut in andere hineinversetzen kann. Hierbei kommt es auf die richtige Mischung an Empathie an, ein goldenes Mittelmaß ist ideal. Sind Sie zu wenig empathisch als Führungskraft, wird es Ihnen schwer fallen, andere Menschen zu verstehen und mit ihnen mitzufühlen, ist Ihre Empathie jedoch extrem ausgeprägt, kann auch das Nachteile haben, zum Beispiel, dass Sie zu sehr mit anderen „mit leiden“, was Sie von Ihrer Arbeit abbringen und ablenken könnte.

Transparenz ist eine weitere Grundvoraussetzung, die Sie erfüllen sollten. Ihr Team sollte stets wissen, welche Absichten Sie verfolgen und welche Gründe Ihr Vorgehen hat. Sonst kann es sich schnell über den Tisch gezogen fühlen, was dem Vertrauen Ihnen gegenüber schaden würde.

Es ist wichtig, dass Sie gut im Zuhören sind. Dabei sollten Sie Ihrem Gegenüber signalisieren, dass Sie es verstanden haben. Oder wenn nicht, einfach nachfragen, so machen Sie deutlich, dass Sie Interesse an ihm haben. Nur wer zuhört, weiß, was in anderen vor sich geht und kann sie so gezielt fördern, motivieren und führen.

Ein beliebter Leader ist witzig und charmant, „hart und autoritär" war gestern. Als Führungskraft sollten Sie mit Witz sowie Charme Ihr Team begeistern können. Sie würdigen Ihre Mitarbeiter als Mensch und natürlich für deren Leistung und zeigen dies auch.

Gute Führungskräfte freuen sich für ihre Mitarbeiter. Als Führungskraft besitzen Sie ein Gefühl für die richtigen Ziele und Werte. Zeigen Sie sich natürlich, legen Sie Wert auf Qualität und Fairness, so klappt es auch in stressigen Zeiten.

Als kompetenter Teamleiter wissen Sie genau, was Sie von Ihrem Team fordern können. Sie sind in der Lage, offen, gut und klar zu kommunizieren als „modern Leader". Kommunikation ist der Schlüssel zu einem guten Arbeitsklima.

Verschiedene Kompetenzen

Es gibt wichtige Kompetenzen, über die Sie als Leader verfügen sollten.

Eine davon ist die Fachkompetenz, die das Wissen und Knowhow umfasst. Es ist notwendig, damit Sie Ihren Beruf ausüben können. Ihre Fachkompetenz wird durch Ausbildung sowie berufliche Weiterentwicklung und Lebensweisheit sichergestellt.

Des Weiteren sollten Sie über strategische Kompetenz verfügen. Gerade als Führungskraft liegt es in Ihrer Hand, Ist-Zustände zu analysieren und Pläne aufzustellen, mit welchen Sie die Unternehmensziele erreichen. Diese Kompetenz meint also, dass Sie im Stande sein sollten, funktionierende „Strategien" zu entwickeln.

Auch die operative Kompetenz ist von Bedeutung, gerade bei der Arbeit einer Führungskraft. Als solche haben Sie viele operative Aufgaben zu übernehmen und müssen ständig organisieren. Ob es sich um das Organisieren von Arbeitsabläufen handelt oder um die Erstellung des Einsatzplanes – Führungskräfte sollten Organisationstalente sein.

Effektivität bei der Arbeit

Ob Sie als Führungskraft Ihre Ziele erreichen, wird gleichbemessen mit Ihrem Können als „Leader“.
Die Fähigkeit, Menschen positiv anzuleiten und somit die gesteckten Ziele entspannt zu erreichen, ist die große Kunst einer Führungskraft. Jedes Unternehmen verfolgt andere Ziele, doch die eigenen sollten stets mit denen des Unternehmens kompatibel sein. Ist diese Voraussetzung erfüllt, sollte Ihnen nichts mehr im Wege stehen, Ihre Arbeit höchst effektiv zu verrichten. Gerade Sie als angehende oder erfahrene Führungsperson sollten das effektive Arbeiten beherrschen, da Sie als Vorbild dienen und zum anderen eine große Verantwortung übernehmen, wenn es um das Erreichen der Unternehmensziele geht. Sie werden also auch zur Verantwortung gezogen, wenn es darum geht, ob Ihr Team seine Ziele erreicht und im wirtschaftlichen Sinne gearbeitet hat.

Was sind eigentlich Störfaktoren in der Arbeitswelt, die das effektive Arbeiten erschweren?

- Lärm, zum Beispiel, wenn sich Kollegen sehr laut unterhalten
- eingehende Telefonate, die Sie ständig in Ihrer Arbeit unterbrechen

- Unruhe durch andere Menschen, die in Ihrem direkten Umfeld agieren
- sonstige Ablenkungen
- zu lange Arbeitszeiten, manchmal auch mit zu kurzen oder gar keinen Pausen

Damit Sie diese Herausforderungen leichter bewältigen können, gebe ich Ihnen nun ein paar nützliche Ratschläge. Es handelt sich dabei zwar um ganz simple Ratschläge, doch diese haben eine starke Wirkung und werden Ihre Leistung ungemein verbessern und glänzen lassen, wenn Sie sie durchgehend befolgen und permanent umsetzen.

Pausen

Machen Sie zwischendurch eine Pause, wenn möglich. Das menschliche Gehirn hat nur eine bestimmte Kapazität übrig und kann nicht 8 Stunden am Stück volle Leistung bringen. Genauso verhält es sich mit Ihrer Konzentration, also mit Ihrem Fokus bei der Arbeit. Räumen Sie sich deshalb so viele kleine Pausen ein wie möglich. Natürlich unter Absprache mit Ihren Vorgesetzten.

Prioritäten

Damit der oft stressige Arbeitsalltag gelingt und sich keiner überfordert fühlt im Anblick des Berges an Arbeit, ist es wichtig, Prioritäten zu setzen. Es kann nicht immer alles auf einmal erledigt werden. Halten Sie die Ziele jeden Tag im Blick und überlegen Sie, welche Aufgaben warten können und welche sofort erledigt werden sollten. Wichtig ist, dass am Ende des Tages die Ziele erreicht wurden und keine wichtigen Arbeiten liegen geblieben sind, die eventuell die Wirtschaftlichkeit des Unternehmens gefährden. Widmen Sie sich den Arbeiten zuerst, die entscheidend für den Erfolg Ihres Teams sind. Fragen Sie sich, was die Konsequenzen wären, wenn eine Aufgabe nicht erledigt wird. Sie sollten zwischen dringenden und wichtigen Arbeiten unterscheiden. Oft neigt man dazu, dringende Aufgaben zuerst zu erledigen, da man sich von ihrer Dringlichkeit unter Druck setzen lässt. Doch die wichtigen Aufgaben, auch wenn Sie im Alltag weniger dringend erscheinen, haben immer Priorität. Denn wichtige Aufgaben lassen sich nicht aufschieben und es hätte negative Auswirkungen, wenn Sie diese nicht zuerst erledigen würden. Solche sind zum Beispiel das Erreichen des geplanten Umsatzes, welches das Unternehmen in einem bestimmten Zeitraum erwirtschaften sollte.

Gewohnheiten

Achten Sie auf Ihre Gewohnheiten und die Ihres Teams während der Arbeit. Oft schleichen sich diese aus dem Privatleben in den Arbeitsalltag ein. Wenn Sie in Ihrer Freizeit zum Beispiel ständig an Ihrem Mobiltelefon hängen, könnte es leicht passieren, dass Sie das auch während der Arbeit tun. Das ist natürlich hinderlich für die effektive Verrichtung der Arbeiten und stört die Konzentration. Legen Sie deshalb solche Gewohnheiten ab und sorgen Sie dafür, dass ihnen kein Raum gegeben werden kann – weder bei sich selbst noch bei anderen.

Planung

Widmen Sie sich täglich der Planung für den nächsten oder bevorstehenden Arbeitstag. Wenn Sie eher eine Eule sind, so planen Sie den nächsten Tag vor dem Zubettgehen. Zählen Sie sich eher zu den Frühaufstehern, können Sie dies auch gerne am Morgen machen. Eine Planung gibt Ihnen einen guten Überblick über alle wichtigen Dinge, die anstehen und lässt Sie mit Klarheit in den nächsten Arbeitstag starten. Im Rahmen dieser Planung ist es sinnvoll, eine Liste zu schreiben mit allen Punkten, die anstehen und erledigt werden müssen oder zu beachten sind.

Das richtige Durchsetzen Ihrer Meinung

Die Durchsetzung der eigenen Meinung, sprich Durchsetzungsvermögen, kann als Kunst betrachtet werden. Vielleicht fragen Sie sich grundsätzlich, wie Sie sich besser durchsetzen können. Sollten Sie vielleicht aggressiver auftreten? Ihre Ziele noch klarer vertreten?

Ein aggressives Verhalten sollten Sie keinesfalls an den Tag legen. Stattdessen empfiehlt es sich selbstbestimmt, aber freundlich aufzutreten. Wenn Sie Ihre Ziele klar vertreten, ist das schon mal gut. Doch Sie sollten darauf achten, dass Sie stets offen bleiben für Vorschläge anderer. Schließlich haben auch andere gute Ideen, wie ein Ziel zum Beispiel noch schneller erreicht werden könnte. Wenn Sie Ihrem Umfeld dieses gute Gefühl und eine Portion an Offenheit schenken, wird es auch Ihre Ziele und Ansichten eher akzeptieren.

Es gibt einen wichtigen Unterschied zwischen Durchsetzungsvermögen und Rücksichtslosigkeit beziehungsweise Aggressivität. Während die Fähigkeit, sich durchsetzen zu können, erwünscht ist und Sie weiterbringt, lassen Aggressivität und Rücksichtslosigkeit Sie durchaus in der Rolle als Führungskraft ausscheiden.

Die Fähigkeit, seine Meinung oder Wünsche genau zu deklarieren und auszudrücken, vermeidet Missverständnisse. Um die gewünschten Resultate zu erhalten, ist das Durchsetzungsvermögen für Führungskräfte von großem Belangen. Dabei sollten Sie aber immer die Belange und Empfindungen anderer berücksichtigen. Sie werden sich dauerhaft nicht durchsetzen können, wenn sich Ihr Team nicht von Ihnen respektiert fühlt. Personen, die es weit bringen und ein hohes Ansehen erlangen, schaffen diesen schwierigen Grad, sie stehen einerseits klar zu ihren Zielen und stoßen andererseits beim Durchsetzen dieser niemanden vor den Kopf. Am besten ist also, man setzt sich durch, ohne dass das von anderen als solches empfunden wird. Damit das gelingt, ist es wichtig, dass Sie Ihr Team beziehungsweise Ihre Kollegen menschlich und fachlich überzeugen.

Neben den klaren Ansagen, die unverzichtbar für die Durchführung der Ziele sind, sollten Sie Ihren Mitarbeiten immer ein gesundes Maß an Respekt entgegenbringen.

Vertrauen, der Schlüssel zum Erfolg!

Vertrauen ist eine essenzielle Grundlage bei der Führung. Sie können niemanden führen, der Ihnen nicht vertraut. Unterschätzen Sie deshalb nicht, wie wichtig diese menschliche Komponente ist. Sie gewinnen dieses Vertrauen, indem Sie ehrlich sind und Ihren Mitarbeitern beweisen, dass Sie wissen, was Sie tun. Auch kleinere Fehler dürfen bei einer Führungskraft vorhanden sein, vor allem jene, die menschlich sind. Es macht Sie nicht angreifbar, sondern bringt Sie und Ihr Team näher zueinander. Bereden Sie bestimmte Problemfälle offen mit Ihrem Team, geben Sie auch eigene Schwächen zu und bleiben Sie anderen auf Augenhöhe! So gewinnen Sie das Vertrauen anderer im Betrieb. Auch bei einer großen Mitarbeiterzahl sollte weiterhin für jeden einzelnen Verantwortung getragen werden. Das Verantwortungsgefühl sollte jedoch auch Ihnen selber gelten.

Selbstdisziplin

Zu Ihrer Vorbildfunktion gehört immer ein gewisses Maß an Selbstdisziplin dazu. Sie können nur erwarten, was Sie selber bereit sind zu geben! Wenn Sie Disziplin und Motivation erwarten, so müssen Sie diese beiden Eigenschaften selber in Ihrem Alltag leben. Wenn Sie Ihre eigenen Vorstellungen selbst nicht erfüllen können, wie sollen es dann Ihre Mitarbeiter vollbringen?

Aus diesem Grund gebe ich Ihnen nun ein paar Tipps, woran Sie erkennen, ob Sie diszipliniert sind und wie Sie Ihre Selbstdisziplin trainieren können. Sie wissen garantiert selbst am besten, vorausgesetzt: Sie sind ehrlich zu sich, ob Sie ausreichend Disziplin an den Tag legen oder Ihr innerer Schweinehund regelmäßig siegt.

Einen Mangel an Disziplin bemerken Sie daran, dass Sie permanent Dinge aufschieben, ganz nach dem Motto „was du heute kannst besorgen, das verschiebe lieber auf morgen". Dabei kann es sich um Kleinigkeiten handeln, die sowohl Ihr Berufs- als auch Privatleben betreffen. Sie bringen beispielsweise den Müll lieber morgen raus, statt es gleich zu erledigen. Auch erkennen Sie, ob Ihr Schweinehund regelmäßig die Oberhand gewinnt, daran ob Sie sich gerne Ausreden ausdenken für Vorhaben, die nicht funktioniert haben oder die Sie gar nicht erst umgesetzt haben. Der Mensch tendiert prinzipiell dazu, nach dem Minimalprinzip zu funktionieren. Man könnte auch sagen, er handelt gerne ökonomisch, was seine Kraft betrifft. Das ist an sich eine sinnvolle Sache, denn dadurch wird schlichtweg Energie gespart. Lassen Sie sich aber nie zu sehr verleiten, Dinge aufzuschieben, denn das wirkt sich negativ auf Ihre Selbstdisziplin aus. Auch neigt der Mensch dazu, sich vor unangenehmen Dingen zu drücken. Er macht prinzipiell gerne, was er gut kann. Aufgaben, von denen er glaubt, er sei nicht gut darin, erledigt er weniger gerne. Achten Sie darauf, dass Sie sich nicht zu diesen Verhaltensmustern leiten lassen. Denn gerade als Führungskraft sollten Sie als Vorbild dienen. Überlegen Sie nun für sich, wie es bei Ihnen um Ihren Schweinehund steht und antworten Sie ganz ehrlich. Falls Sie herausfinden, dass er doch zu mächtig ist, machen Sie sich keine Sorgen! Sie können das ändern, denn es liegt ganz in Ihrer Macht.

Erfolgreiche Persönlichkeiten sind übrigens meist Menschen, die sehr diszipliniert und fokussiert sind und ihren Schweinehund außerdem unter Kontrolle haben. Wird man bereits zu einer disziplinierten Person erzogen von klein auf, hat man es später auch im Berufsalltag leichter. Erziehung ist etwas, das den Menschen sehr prägt. Früh erlernte Verhaltensweisen, egal ob diese bewusst oder unbewusst stattfinden, ziehen sich durch das ganze Leben. Auch als Erwachsener bleibt Ihnen Erlerntes erhalten, wenn Sie sich dessen nicht bewusst machen und es aktiv an sich ändern. Auch wenn es Menschen leichter haben, bei denen Disziplin schon als kleines Kind eine Rolle gespielt hat, kann jeder Disziplin lernen.

Beginnen Sie mit Kleinigkeiten, die Sie gegen Ihren Schweinehund unternehmen. Das kann zum Beispiel sein, dass Sie immer sofort den Müll rausbringen und das nicht auf morgen verschieben. Nach und nach nehmen Sie immer größere Veränderungen in Angriff. Damit Sie motiviert bleiben und schlechte Gewohnheiten erfolgreich ändern, visualisieren Sie Ihre Ziele. Stellen Sie sich bildlich vor, wie es wäre, wenn Sie Ihr Ziel bereits erreicht hätten. Wie es sich anfühlt. Wie andere Menschen Sie dafür loben. Und so weiter...

Gute und häufige Beispiele in Sachen Disziplin sind übrigens die Themen Sport und Abnehmen. Wenn Sie sich zum Ziel machen, fünf Kilo abzunehmen, dann sorgen Sie dafür, dass Sie gar nicht erst in Versuchung kommen, zu naschen. Geben Sie den alten schlechten Gewohnheiten erst gar keine Chance! Wenn Sie sich entschließen, ab sofort jede Woche drei Mal zum Sport zu gehen, berücksichtigen Sie dabei Ihren Alltag und Ihren persönlichen Rhythmus. Jeder Körper ist anders: manchen tut die Bewegung gleich früh am morgen gut, andere brauchen das Auspowern nach einem stressigen Arbeitstag. Finden Sie heraus, was Ihnen gut tut und richten Sie sich Ihren Tag entsprechend ein. Natürlich haben Sie alltägliche Verpflichtungen, die nicht unter Ihrem neuen Disziplintraining leiden sollten. Vielmehr sollten sie optimal miteinander verschmelzen.

Wichtig bei der Erledigung von Aufgaben ist nicht nur Ihre Disziplin beziehungsweise die Ihres Teams, sondern auch, dass Sie die IST-Situation analysieren. Also den Zustand, der gerade herrscht. Und außerdem den SOLL-Zustand definieren, nämlich den, der optimal wäre und erreicht werden soll. Hinterfragen Sie Ihre eigenen Teilziele und Herangehensweisen insofern, ob diese tatsächlich die gewünschten Lösungen bringen.

Um sich selber immer wieder vor dem geistigen Auge zu spiegeln und Situationen besser entscheiden zu können, sind hilfreiche Selbstfragen ein gutes Mittel:

- Was bringt es mir, wenn ich es auf diese Weise angehe?
- Welche Vorteile könnten durch einen anderen Weg entstehen?
- Welche Nachteile bringen die Wege mit sich?

Ob Sie Ihre Disziplin erfolgreich steigern werden, hängt auch von Ihrer inneren Einstellung ab. Der Wille des Menschen ist ein begrenztes Gut – er steht nicht in einem unendlichen Ausmaß zur Verfügung. Außerdem kann Ihr Wille gehemmt beziehungsweise Ihre Willensstärke geschwächt werden, etwa durch ein negatives Mindset. Überdenken Sie deshalb Ihr Selbstbild und machen Sie sich, falls Sie innerlich zweifeln, bewusst, dass es wirklich jeder schaffen kann, disziplinierter zu werden.

Was neben der Disziplin noch eine wichtige Rolle spielt, ist die Ausprägung Ihrer Ausdauerfähigkeit. Prinzipiell sind Menschen mit viel Ausdauer erfolgreicher. Diese Ausdauerfähigkeit benötigen Sie nicht nur, um Ihre eigenen Ziele zu erreichen, sondern auch im Umgang mit anderen, vor allem solchen Menschen, die viel Ansporn benötigen und von alleine nicht immer ihre Ziele verfolgen sowie erreichen.

Ihre innere Einstellung wird sich auf Ihr Handeln auswirken und sich in Ihrem Umfeld spiegeln.

Zwischenmenschliche Erfahrung

Um als Führungskraft sein Gegenüber richtig einschätzen zu können, ist eine gute Menschenkenntnis von Vorteil. Diese erlangen Sie im alltäglichen Umgang mit Ihren Mitmenschen, Vorgesetzten, Mitarbeitern oder auch Freunden und der Familie. Wenn Ihre Mitarbeiter sich verstanden fühlen, sind sie auch dazu bereit, sich von Ihnen führen zu lassen.

Sie sollten ein gewisses Grundinteresse hegen an jedem einzelnen Menschen, der in Ihr Leben tritt. Um die Talente und Fähigkeiten sowie Bedürfnisse eines jeden zu erkennen, ist es wichtig, dass Sie sich dafür die nötige Zeit nehmen. Bauen Sie sich ein respektvolles Miteinander auf und erreichen Sie gemeinsam die gesetzten Ziele.

Wenn Sie Menschen erfolgreich führen wollen, dann sollten Sie sie „lieben".

Wichtige Werte vertreten

Im menschlichen Miteinander, egal ob privat oder beruflich, ist die Einhaltung gewisser Werte, Sitten und einer bestimmten Moral immer von höchster Bedeutung.

Welche Werte vertreten Sie?

Darüber sollten Sie sich als Führungsperson im Klaren sein und dies auch deutlich nach außen kommunizieren.

Integrität macht Sie zu einem Vorbild. Diese Funktion sollten Sie erfüllen, um auf natürliche Weise zum Vorbild Ihrer Mitarbeiter zu werden. Die Mitarbeiter müssen die Übereinstimmung zwischen Ihrer Meinung/Ihren Werten und Ihren Taten erkennen.

Loyalität sollte als Vorgesetzter kein Fremdwort sein, was erwartet wird, muss auch selber vorhanden sein.
Ein weiterer wichtiger Punkt ist Ehrlichkeit. Ohne Ehrlichkeit kann keine Vertrauensbasis bestehen bleiben. Diese zwei Werte oder besser gesagt Charaktereigenschaften bewirken viel mehr, als Sie denken. Ihre Mitarbeiter werden genau spüren, inwiefern diese Werte für Sie von Wichtigkeit und wie ehrlich und vertrauenswürdig Sie sind.

„Ehrlich, loyal, führungsstark" - die Grundsteine eines erfolgreichen Leaders.

Hier finden Sie ein paar beispielhafte Werte, die Sie um weitere ergänzen können. Dann bringen Sie sie in Reihenfolge (Skala 1-10; wichtig ist 10 und am wenigsten wichtig ist 1), damit Sie sich bewusst werden über Ihre Wertvorstellungen. Auch über solche, die eher Ihr privates Umfeld betreffen, sollten Sie sich klar werden.

☐ Gerechtigkeit.

☐ Leistung.

☐ Perfektion.

☐ Geld.

☐ Materielles.

☐ Luxus.

☐ Fachkompetenz, Wissen und Können.

☐ Optimismus und Zuversicht.

☐ Generelles Gefallen an Menschen & am Miteinander.

☐ Vertrauen.

☐ Loyalität.

☐ Ehrlichkeit

☐ Authentizität.

☐ Familie.

☐ Kinder.

☐ Partnerschaft.

☐ Freundschaft.

☐ Hobbys.

☐ Reisen und Urlaub.

☐ Natur.

☐ Tiere.

☐ Religion.

☐ Soziales Engagement.

TEIL 1: Auf dem Weg zur Führungskraft!

Charaktergerechte Führung

Die charaktergerechte Führung ist ein zentraler Aspekt beim Modern Leading. Egal, zu welchem Führungsstil Sie tendieren oder mit welchem Typ von Mensch Sie „besser zurechtkommen", Sie müssen sich stets auf das Individuum einlassen und anpassen. Nur, wenn Sie den Charakter Ihres Mitarbeiters kennen, akzeptieren und berücksichtigen, werden Sie ihn erfolgreich führen können.

Um das Beste aus Ihren Mitarbeitern herauszuholen, ist es unerlässlich, die verschiedenen Bedürfnisse des jeweiligen Mitarbeiters zu kennen. Menschen sind sehr individuell und reagieren komplett verschieden. Versuchen Sie sich in jeden hineinzuversetzen und jeden zu verstehen. Was für Sie motivierend ist, kann für jemand anderen demotivierend sein. Manche bringen unter Stress und Druck Höchstleistung, andere versagen bei dem geringsten Druck. Lernen Sie deshalb Ihre Mitarbeiter gut kennen und studieren den Charakter jedes einzelnen. Manche Mitarbeiter schießen in ihrem Eifer

womöglich über das Ziel hinaus, andere könnten diesen Eifer gut gebrauchen und hängen ständig hinterher. Überlegen Sie sich deshalb, wen Sie eher ausbremsen müssen, damit dieser sich nicht übernimmt und wen Sie im Gegensatz dazu anfeuern sollten.
Diese Aspekte fassen ein charaktergerechtes Führen zusammen. Wer sich anfangs die Zeit nimmt, um seine Mitarbeiter oder sein Team gut kennenzulernen, spart sich hinterher diesen Zeitaufwand definitiv. Denn Sie kommen nicht darum herum, wenn Sie dauerhaft erfolgreich führen und andere zu Höchstleistungen motivieren wollen. Auch dann, wenn Sie Ihre Mitarbeiter oder Ihr Team bereits gut einschätzen können, sollten Sie sich selbstverständlich dennoch laufend Zeit für Sie nehmen. Menschen und vor allem deren Ziele und Beweggründe oder Visionen können sich schließlich ändern.

Denken Sie immer an diesen Aspekt und Sie werden nicht nur ein erfolgreicher Leader sein, sondern machen sich damit auch beliebt bei Ihren Mitarbeitern oder Ihrem Team.

Auf jeden Menschen ist individuell einzugehen. Versteifen Sie sich nie auf bestimmte Ansichten oder Vorgehensweisen, die „klappen müssen", nur weil sie bei jemand anderem funktionieren.

Selbsttest - Welche Führungskraft sind Sie?

Mit diesem Test ist es leicht, einen groben Grundstil an sich zu erkennen. Dafür müssen Sie nur die unten folgenden Behauptungen für sich beantworten. Nehmen Sie sich dafür etwas Zeit und denken Sie gut darüber nach! Sie dürfen übrigens immer nur eine Antwort geben. Zählen Sie dann die Buchstabenanzahl Ihrer Antworten zusammen. Die höchste Anzahl entspricht am ehesten Ihrem Typ, wobei es natürlich oft Mischtypen gibt.

Vertrauen:

- Vertrauen ist gut, Kontrolle ist besser! (A)
- Das Vertrauen in andere ist größer als in Sie selbst. (B)
- Vertrauen ist von großer Bedeutung. (C)

Ziele:

- Ziele empfinden Sie als Druck. (B)
- Sie geben alles, um Ihre eigenen Ziele zu erreichen. (A)
- Sie sehen sich als fähig, Ziele zu erreichen und auch andere darin zu unterstützen. (C)

Freizeit:

- Sie unternehmen am liebsten etwas mit Freunden. (B)
- Sie verbringen Ihre Freizeit am liebsten allein. (A)
- Sie verbringen Ihre Freizeit sowohl mit Freunden als auch allein. (C)

Teamwork:

- Nur durch Zusammenarbeit ist alles möglich, allein zu arbeiten mögen Sie nicht so. (B)
- Sie arbeiten lieber und besser allein. (A)

- Gemeinsam ist man oft erfolgreicher. (C)

Aufgaben:

- Aufgaben übernehmen Sie lieber selber, statt sie weiterzugeben. (A)
- Die richtige Person für die richtige Aufgabe zu erkennen, ist ein Hauptgewinn. (C)
- Sie delegieren gerne Aufgaben und ziehen es dem Selberarbeiten vor. (B)

Freundschaft:

- Sie haben viele Freunde sowie Bekannte und es ist Ihnen wichtig, beliebt zu sein und nicht anzuecken. (B)
- Sie haben eigentlich keine Freunde. (A)
- Sie haben eher wenige, aber dafür gute Freunde. (C)

Kommunikation:

- Sie reden gerne mit anderen, nur Diskussionen scheuen Sie. (B)
- Sie nutzen Kommunikation hauptsächlich, um Ihre Meinung durchzusetzen. (A)
- Sie sind ein Kommunikationskünstler und andere reden gern mit Ihnen. (C)

Fristen:

- Zeitlimits überfordern. (B)
- Termindruck erfordert ein Durcharbeiten ohne Freizeit. (A)
- Organisation ist alles. (C)

Ein aufgeräumtes Zuhause:

- Chaos lautet Ihre Devise. (B)
- Sie haben es gerne ordentlich und alles muss genau an dem Platz sein, wo Sie wollen. (A)
- Sie lieben Ordnung. (C)

Wertvorstellungen:

- Ihre eigenen Werte sind für Sie am wichtigsten, es fällt Ihnen schwer, die anderer zu berücksichtigen und erfüllen. (A)
- Ihre Werte sind Ihnen eigentlich gar nicht so klar. (B)
- Sie können auch andere Werte Ihren eigenen überstellen, wenn es die Situation erfordert. (C)

Testauswertung:

Überwiegend A:

Sie sind ein Einzelkämpfer. Aufgaben erledigen Sie am liebsten selbst. Eine Weitergabe der Aufgaben bereitet Ihnen Unbehagen. Das nötige Vertrauen in Ihre Mitarbeiter fehlt, dafür ist das Vertrauen in Sie selber übermäßig vorhanden. Ihr Verhalten im Alltag gegenüber den Mitarbeitern führt zu Unzufriedenheit und Unruhe. Ihre Mitarbeiter möchten mitarbeiten und Verantwortung übernehmen. Das mangelnde Vertrauen sorgt für Unruhe.

Lösungsvorschlag:

Geben Sie etwas von Ihrem Selbstvertrauen auf Ihre Mitarbeiter ab. Lassen Sie sich überzeugen, dass sie Ihr Vertrauen verdienen.

<u>Überwiegend B:</u>

Veränderungen sind nicht Ihre Stärke. Lieber nehmen Sie die Dinge so, wie sie sind. Jedoch besitzen Sie eine wichtige Eigenschaft: Sie vertrauen anderen. Dies ist Ihr Schlüssel zum Erfolg. Allerdings müssen Sie auch Dinge selber in die Hand nehmen und sich selbst mehr zutrauen.

Lösungsvorschlag:

Machen Sie Ihre eigenen Entscheidungen und stehen Sie dazu. Lassen Sie sich weniger beeinflussen und treten Sie souveräner auf. Sie müssen auch mal anecken im Leben, können es nicht allen recht machen.

<u>Überwiegend C:</u>

Sie haben eine gute Einstellung und befinden sich in der „goldenen Mitte". Sie sind sowohl fähig, Aufgaben selbst zu erledigen, als auch zu delegieren. Dank Ihren Werten und Ihrer Integrität sind Sie ein gutes Vorbild.

Relevante Aufgaben als Führungskraft

Ich zeige Ihnen hier, was die wichtigsten Aufgaben einer Führungskraft sind, damit Sie sich vor allem als neue Führungskraft einen guten Überblick verschaffen können.

1. **Menschen fördern**
   Um die Menschen zu fördern und vor allem ein Band zwischen den Menschen und dem Unternehmen herzustellen, ist es wichtig, dass Sie diesen das Gefühl geben, einzigartig zu sein. Nutzen Sie die jeweiligen Stärken und Schwächen Ihrer Mitarbeiter. Versuchen Sie, Talente zu fördern und die Fähigkeiten der Menschen so einzubinden, dass Sie den Unternehmenszielen dienen. Wenn Ihnen das gelingt, macht es Ihre Mitarbeiter sehr zufrieden und sie arbeiten gerne für Sie beziehungsweise die Firma.

2. **Im Sinne des Unternehmens handeln**
   Um eine Gewinnmaximierung zu erhalten, muss der Kostenausgabenpunkt gesenkt werden. Dies darf jedoch nicht auf dem Rücken der Mitarbeiter geschehen. Vielmehr müssen Sie einzelne Schritte besser anpassen, für reibungslose Abläufe sorgen und Prozesse optimieren.

3. **Organisieren**
   Als Führungsperson organisieren Sie diverse Abläufe im Unternehmen und natürlich auch innerhalb Ihres Teams oder Ihrer Abteilung. Oft übernehmen Führungskräfte die Einteilung der Mitarbeiter, dabei sollten Sie beachten, dass Sie die Arbeitszeiten und natürlich auch die freien Tage stets fair aufteilen.

4. **Arbeiten richtig delegieren**
   Um auch in schwierigen Situationen Zeit zu haben und fokussiert handeln zu können, ist es wichtig, viele der Aufgaben zu delegieren. Sie müssen immer unterscheiden zwischen Faulheit und Vorausschau. Wenn Sie wissen, dieses Projekt könnte Probleme mit sich bringen, halten Sie sich durch das Delegieren mehrerer Aufgaben den Rücken frei. Nur so können Sie bei Bedarf direkt zur Stelle sein und handeln.

5. **Aufgaben kontrollieren**
   Lassen Sie sich von Ihren Mitarbeitern einmal die Woche ein schriftliches Feedback geben. Darin sollte es um die Fortschritte des Projektes gehen, ebenso die positiven wie die negativen. Kontrolle gehört immer dazu. Um ein positives Feedback geben zu können, bedarf es der

Sorgfalt und Auseinandersetzung mit dem Projekt und Ihren Mitarbeitern. Die Mitarbeiter erfahren durch ein Gespräch und die Auswertung ihrer Übergaben, was sie gut gemacht haben und wo noch Handlungsbedarf besteht. Lob ist in diesem Falle genauso wichtig wie eine konstruktive Kritik.

6. **Motivieren**

   Menschen sind keine Maschinen. Das monatliche Gehalt alleine sorgt nicht immer dafür, dass Menschen dauerhaft motiviert sind und effizient arbeiten. Als Leader ist es Ihre Aufgabe dafür zu sorgen, Ihr Team zu motivieren. Unzufriedenheit sollten Sie im Keim ersticken, damit es gar nicht erst passiert, dass ein Mitarbeiter demotiviert zu Arbeit erscheint oder sich das Arbeitsklima verschlechtert.

7. **Informationspflicht**

   Eine hohe Transparenz ist mehr als wichtig. Die Mitarbeiter brauchen für ein selbstständiges Handeln die nötigen Informationen, des Weiteren fühlen die Mitarbeiter sich mit in das Geschehen einbezogen. Feste Meetings ermöglichen es, alle betroffenen Personen auf dem neusten Stand zu halten und weitere Strategien und Vorgehensweisen zu planen. Für kleine Änderungen können Sie auch die Möglichkeit einer Rundmail nutzen.

8. **Präsent sein und als Vorbild dienen**

   Diese Aufgabe wird häufig unterschätzt. Doch jeder Schüler ist nur so gut wie sein Lehrer. Geben Sie deshalb stets Ihr Bestes und seien Sie präsent in der Arbeit, nicht nur körperlich anwesend. Nur dann werden Ihre Mitarbeiter auch ihr Bestes geben.

Was erleichtert den Aufstieg?

Im täglichen Arbeitsalltag stellen Sie sich bestimmt öfters die Frage, wie Sie den Weg nach oben leichter angehen. Wer träumt nicht davon, in einer gehobenen Position zu stehen? Ergreifen Sie Ihre Chance und machen Sie auf sich aufmerksam, am besten schaffen Sie dies mit guter Leistung und einem angenehmen Wesen. Überlegen Sie sich, wo Ihre Stärken liegen und wie diese dem Unternehmen von Nutzen sein könnten. Nur wenn Sie die Überzeugung selbst erlangt und verinnerlicht haben, strahlen Sie dies auch aus.

Mit Tipps & Tricks zur Beförderung

1. ***Seien Sie mutig!***
   Nehmen Sie Ihr Glück selber in die Hand. Zeigen Sie Ihren Vorgesetzten, dass Sie der richtige Ansprechpartner sind. Dass Sie das nötige Wissen und die Lust besitzen, dieses auch umzusetzen. Dass Sie sich mit dem Unternehmen verbinden und es Ihnen am Herzen liegt, dieses weiter voranzubringen.

2. ***Zeigen Sie, was in Ihnen steckt!***
   Kehren Sie Ihre Stärken nach außen. Wenn es um eine Gehaltserhöhung geht, ist Bescheidenheit nicht sinnvoll.

3. ***Seien Sie sympathisch!***
   Das mag simpel klingen, nun ja – das ist es auch. Dennoch ist es extrem wichtig, dass Sie sich anderen gegenüber stets freundlich und rücksichtsvoll verhalten. Auch Sympathie spielt eine große Rolle. Ob Sie Ihrem Vorgesetzten sympathisch sind oder nicht, können Sie natürlich nicht immer beeinflussen. Sie können aber Ihr Bestes geben, sich von Ihrer besten Seite zeigen und andere stets gut behandeln.

4. ***Eignen Sie sich immer wieder neues Wissen an!***
   Um die verschiedenen Kompetenzen zu erfüllen, empfiehlt es sich, seine Erfahrungen nicht nur im eigenen Unternehmen gefunden zu haben. Auch ein Auslandspraktikum kann Ihre Chancen nach oben treiben. Es zeigt, dass Sie bereit sind, die Initiative zu übernehmen und sich stetig weiterzubilden sowie neue Einblicke zu erhalten. Es zeigt Ihren Chefs, dass Sie sich mit neuen Arbeitsmodellen auseinandersetzen und diese in das Unternehmen einbringen können.

5. ***Pflegen Sie Kontakte!***
   Schließen Sie Kontakte, nicht nur in Ihrem direkten Umfeld. Erweitern Sie Ihre Kontakte auch auf andere Gebiete des Unternehmens. Zeigen Sie, dass Sie gewillt sind, das große Ganze anzugehen.

6. ***Souveränität!***
Souveränität zeigt Ihre Bereitschaft zur Übernahme der gestellten Aufgaben. Zeigen Sie, dass ein verantwortungsbewusster Mensch und Teamplayer in Ihnen stecken, die sehr wohl auch die Leitung übernehmen können. Heben Sie Ihre eigenen Entscheidungen hervor und bleiben Sie immer souverän, auch dann, wenn Sie mal Fehlentscheidungen treffen.

7. ***Nehmen Sie sich, was Sie wollen!***
Dies soll keine Aufforderung an Sie sein, sich rüpelhaft zu verhalten. Jedoch ist es gerade heutzutage wichtig, sich zu nehmen, was einem zusteht. Denn von alleine bekommt man nicht immer das, was man verdient. Lassen Sie sich beispielsweise die Chance, eine Führungsposition einzunehmen, nicht von einem Konkurrenten wegschnappen. Solange Sie dabei fair und menschlich bleiben, ist alles gut.

8. ***Anwesenheit!***
Um als Führungskraft in Betracht zu kommen, müssen Sie Präsenz zeigen. Sie müssen die Person sein, die immer zur Stelle ist und sich nicht scheut, die Aufgaben zu übernehmen. Steuern Sie neue Ideen, Lösungsvorschläge oder Ratschläge bei. Übernehmen Sie Aufgaben freiwillig und überzeugen Sie mit Ihrem Talent. Beteiligen Sie sich aktiv an Meetings und haben Sie den Mut, Ihre Meinung offen darzustellen.

9. ***Fragen Sie offen nach einer Beförderung!***
   Sprechen Sie Ihr Anliegen direkt und ehrlich an. So geben Sie auch Ihrem Vorgesetzten die Möglichkeit, sich auf eine Verhandlung vorzubereiten. Das zeugt von Stärke.

Vorbereitung und Einstieg in die neue Führungsrolle

Die neue Stelle ist endlich zugesagt. Der Aufstieg geschafft. Herzlichen Glückwunsch, nun folgt die Phase der Vorbereitung.

Mit der neuen Aufgabe kommen auch neue Anforderungen. Diese dürfen Sie herausfordern, sollten Sie jedoch nicht einschränken, sich zu entwickeln. Bauen Sie Ihr Selbstvertrauen auf, andere Menschen vertrauen ebenfalls in Sie, sonst hätten Sie diese Position nicht bekommen. Stellen Sie sich immer wieder selber Fragen, die Ihre Arbeits- und Führungsweise betreffen. Entwickeln Sie geistige Lösungsstrategien und üben Sie so für den Berufsalltag. Zweifel gehören auf jedem neuen Weg dazu, doch zweifeln Sie nicht zu sehr an sich. Sie haben es bereits weit gebracht!

Ein großer Unterschied liegt auch darin, ob Sie in dem Unternehmen aufgestiegen oder neu dazugekommen sind. Je nachdem, was davon zutrifft, können sich unterschiedliche Schwierigkeiten ergeben.

Diese Schritte sollten Sie beachten, wenn das Unternehmen ein neues für Sie ist

Es ist wichtig, sich alle nötigen Stammdaten, Informationen und Abläufe des Unternehmens vorab anzueignen. Sie sollten genau wissen, wie der Idealfall ablaufen soll. Denn nur so können Sie Ihrem neuen Team dabei helfen, die Richtlinien einzuhalten und die Aufträge gewissenhaft abzugeben. Erkundigen Sie sich also genau und scheuen sich nicht davor, sich diese Informationen einzuholen. Einen besonders guten Eindruck werden Sie erwecken, wenn Sie bereits im Vorfeld die Namen Ihrer Vorgesetzten, Kollegen und Mitarbeiter studieren.

Vermeiden Sie ein ganz spezielles Fettnäpfchen, das viele vielleicht nicht im Sinne haben. Erkundigen Sie sich darüber, ob sich Kollegen und das Team im neuen Unternehmen duzen oder siezen. Mit einem „Sie" sind Sie anfangs prinzipiell auf der sicheren Seite. Wenn es Gang und Gäbe ist, dass sich nach kurzer Zeit alle duzen, sollten Sie mitziehen und nicht auf ein „Sie" beharren. Das könnte unnahbar und arrogant wirken.

Stellen Sie sich vor und halten Sie dazu am besten eine Rede. Auf diese Rede sollten Sie sich gut vorbereiten. Natürlich sollten Sie ausschließlich Positives und Respekt vermitteln, wenn Sie solch eine Rede halten. Es gehört dazu, sich für die neue Position zu bedanken und die vorherige Führungskraft zu erwähnen und wertzuschätzen. Ihr neues Team wird es auch schätzen, wenn es von Ihnen erfährt, warum Sie diesen Posten übernommen haben und wie es dazu kam. Natürlich sollten Sie nicht unnötig ins Detail gehen, aber wenn Sie diesen Sachverhalt kurz erklären, wird es auch nicht zu Gerüchten und Spekulationen darüber kommen. Erwähnen Sie etwas Persönliches über sich und wie Sie die Unternehmensziele erreichen wollen. Ihre Visionen und Ziele sollten Sie auch kurz vorstellen. Achten Sie aber darauf, nicht die nötige Distanz zu verlieren. Vor allem am Anfang kann das für Verwirrung sorgen und Sie unseriös wirken lassen. Bedanken Sie sich zum Schluss Ihrer Rede, geben Sie allen die Chance, Fragen zu stellen und bringen Sie zum Ausdruck, wie sehr Sie sich auf Ihr Team und die neue Stelle freuen.
Zeigen Sie Ihren Willen Neues zu erlernen, zeigen Sie, dass Sie gewillt sind, Ratschläge und Tipps anzunehmen.

Urteilen Sie nicht vorschnell über das Unternehmen. Wie oft trügt der erste Eindruck? Machen Sie sich Ihre Gedanken, aber behalten Sie diese noch für sich. Falls Sie nach Ihrer Meinung zu eventuell heiklen Angelegenheiten gefragt werden, sagen Sie offen und ehrlich, dass Sie sich dazu kein Urteil erlauben möchten.

Selbstverständlich können diese Schritte auch von Nöten für Sie sein, wenn Sie im „alten“ Unternehmen bleiben, es sich aber um ein größeres handelt und Sie noch nicht alle Abteilungen und Angestellten kennen.

Folgende Schritte sind im „alten" Unternehmen relevant

Nun ist es an Ihnen gelegen, Ihren Kollegen zu zeigen, dass Sie den heiß begehrten Kuchen teilen. Es gibt immer wieder Menschen, die mit einem um eine bestimmte Position kämpfen. Genau für diese Menschen ist es dann schwer, wenn sie nicht die Auserwählten sind. Greifen Sie ihnen unter die Arme, zeigen Sie sich loyal und charismatisch. Stehen Sie nicht über ihnen, sondern stellen Sie sich mit ihnen in eine Reihe. Binden Sie diese Menschen mit ein und zeigen ihnen, dass Sie sie und ihre Fähigkeiten schätzen. Dennoch ist Vorsicht geboten, wenn Sie unter Haien schwimmen: bei allem Respekt und aller Loyalität müssen Sie sich stets behaupten. Schließlich gibt es einen guten Grund, warum SIE und kein anderer die Führungsrolle ergattert haben. Sobald Sie „zu weich" sind, können das Ihre Konkurrenten als Schwäche ansehen. Bei Schwäche beißen Haie sofort zu!

Diese Schritte sollten Sie im „alten" und neuen Unternehmen gehen

Machen Sie sich klar, welche Erwartungen an Sie gestellt werden, sowohl von Vorgesetzten als auch von Mitarbeitern. Überlegen Sie auch, ob Sie diesen gerecht werden können und wollen, und wenn ja, wie. So bereiten Sie sich optimal vor auf Ihren neuen Job. Gibt es vielleicht noch Bereiche, die Sie sich erst aneignen müssen oder Kompetenzen, die Sie ausbauen sollten? Sie können das natürlich mit Ihrem Chef besprechen und ganz offen darüber reden, schließlich ist auch ihm daran gelegen, Sie optimal zu integrieren und fördern.

Genau wie die Erwartungen sind auch die Spielräume zu klären. Was liegt in Ihrer Macht und über was genau dürfen und sollen Sie entscheiden? Das ist ein sehr wichtiger Punkt, den Sie genauestens klären sollten. Ihr Vorgesetzter wird Sie ausführlich vorbereiten und darüber informieren. Wenn nicht, fragen Sie unbedingt nach und schreiben Sie mit, wenn er Ihnen alles näherbringt. Auch über Ihre eigenen Vorstellungen und Änderungswünsche sollten Sie sich klar sein und diese mitteilen. Damit hinterher alle Änderungen einvernehmlich stattfinden.

Nicht nur Sie haben Mitarbeitergespräche zu führen, sondern normalerweise werden solche Gespräche auch mit Ihnen geführt, um Ihnen Ziele zu vermitteln, die erreicht werden sollen und Sie auf Ihrem neuen Weg zu begleiten und fördern. Wenn Sie einen solchen Termin nicht in Aussicht gestellt bekommen, sollten Sie nachfragen und Ihren Chef um ein solches Gespräch bitten. Das dient schließlich beiden Seiten, sowohl dem Unternehmen als auch Ihnen.

Wichtig ist außerdem, der Gerüchteküche die Würze zu nehmen. Beantworten Sie Fragen und erzählen etwas von sich. Machen Sie sich im Vorfeld Gedanken darüber, was Sie von sich preisgeben möchten und was nicht. Arbeit ist Arbeit und privat ist privat, doch um eine gewisse Vertrauensbasis zu schaffen, ist es hilfreich, etwas von sich zu zeigen. Natürlich nur ein einem angemessenen Rahmen. Vor allem am Anfang Ihrer Karriere können Sie damit Sympathie ernten.
Heben Sie Ihr hervorragendes Können nicht zu sehr in den Mittelpunkt. Dies könnte arrogant und unnahbar wirken.

Im Idealfall haben Sie Zeit, sich darauf vorzubereiten, jedoch kann auch eine spontane Beförderung von statten gehen.

Dann ist es wichtig, schnell reagieren zu können. Sagen Sie offen, dass Sie neu sind und sich schnell einfinden werden. Seien Sie charmant, nehmen Sie Hilfe von Ihrem Team immer dankbar an und fragen Sie auch offen nach Unterstützung. Zeigen Sie diesen Menschen, dass Sie an ihnen interessiert sind. Gewinnen Sie einen schnellen Überblick über alle wichtigen Aufgaben und Bereiche Ihrer neuen Position. Es hilft, sich das zu visualisieren, zum Beispiel mithilfe einer Mindmap.

Häufige Fehler in der Führung

Auch als Führungskraft wird der Weg nicht immer durch grüne, saftige Wiesen führen. Es gibt viele Stolpersteine, die herumliegen und überwunden werden müssen. Hier erfahren Sie die häufigsten Fehler einer Führungskraft, sie dienen Ihnen als Zusammenfassung und für einen schnellen Überblick. Selbstverständlich können diese Fehler genauso von erfahrenen Führungskräften wie von neuen begangen werden.

Fehlerquelle 1 – „Alles muss neu!“

Mit einer neuen Besetzung einer Stelle werden natürlich immer auch positive Veränderungen erwartet. Sie sind hochmotiviert und möchten alles besser machen als Ihr Vorgänger. Doch um dies durchzusetzen ist es wichtig, erst einmal einen Überblick zu erhalten. Nutzen Sie das Kennenlernen mit den Mitarbeitern und hören Sie bei den Gesprächen heraus, was gut läuft und wo es noch Knackpunkte gibt. Dann können Sie langsam und gemeinsam mit Ihrem Team die Veränderungen in Angriff nehmen.

Fehlerquelle 2 – Kritikunfähigkeit

Nehmen Sie gut gemeinte Kritik aus Ihrem Team an und wandeln Sie diese in neue Lösungen um. Gerade am Anfang, wenn Sie frisch in die Führungsrolle schlüpfen, ist die Fehlerquelle hoch. Wenn Sie sich gegen eine konstruktive Kritik wehren, werden Ihre Mitarbeiter später Ihre Kritik ebenfalls nicht annehmen.

Fehlerquelle 3 – Konflikte meiden

Vor allem als Anfänger scheut man sich vor Konflikten. Man möchte sich erst beweisen oder nicht schon zu Beginn negativ auffallen. Doch es bringt nichts, Konflikte zu meiden, vor allem wenn deren Klärung notwendig ist. Insofern Menschen zusammenarbeiten, wird es früher oder später immer Konflikte geben. Meist sind diese allerdings zu beheben, vor allem, wenn sie frühzeitig als solche erkannt werden. Gehen Sie Konflikten und Diskussionen nicht aus dem Weg, denn sonst werden Sie nicht ernst genommen. Es kann auch passieren, dass Sie anfangs nicht sofort akzeptiert werden von einzelnen Mitarbeitern als neue Führungsperson. Geben Sie ihnen eine Chance und Zeit, Sie kennenzulernen. Vermitteln Sie Ihre Absichten und Ziele klar und deutlich. Und führen Sie ein Gespräch unter zwei Augen mit solchen Mitarbeitern, die Probleme mit Ihnen haben. Diese Probleme müssen auf den Tisch, um geklärt zu werden!

Fehlerquelle 4 – als Kumpeltyp auftreten

Vorerst sei gesagt, dass es völlig normal ist, dass Sie sich als Leader erst finden müssen, außerdem werden Sie nie aufhören, sich weiterzuentwickeln. Vermeiden Sie nur das Fettnäpfchen, zu „nett" aufzutreten beziehungsweise wie ein Kumpel. Distanz zu wahren ist das A und O in der Arbeitswelt, dabei sollte es sich natürlich um eine angemessene Distanz handeln. Sie sollen weder kühl noch unnahbar sein, sondern freundlich distanziert. Wenn Sie als bester Freund auftreten, werden Sie als Chef nicht ganz ernst genommen und Ihre Mitarbeiter werden immer Schlupflöcher suchen oder Ihr Wort nicht ganz für voll nehmen. Abgesehen davon, dass Sie freundlich distanziert auftreten sollten, ist es genauso wichtig, dass Sie keinen bevorzugen und zu jedem die gleiche Distanz wahren. Natürlich wird es immer Personen geben, die Ihnen sympathischer sind – das lässt sich nicht vermeiden. Seien Sie sich aber darüber bewusst und versuchen Sie stets alle gleich zu behandeln und objektiv wahrzunehmen.

Fehlerquelle 5 – Zu weich oder zu hart

Wie bereits erwähnt ist es für neue Führungskräfte schwierig, die goldene Mitte von Beginn an zu treffen. Sie müssen erst ihren eigenen Führungsstil ausprobieren und ausbauen. Mit der Zeit lernen Sie sich selbst immer besser kennen – als Leader aber natürlich auch Ihren Charakter. Bleiben Sie stets reflektiert und scheuen Sie nicht davor, Ihren Führungsstil zu ändern. Er muss zu Ihrer Person, zum Unternehmen und zu Ihrem Team passen. Aus der anfänglichen Unsicherheit heraus treten neue Führungskräfte zu Beginn oft entweder zu hart oder zu weich auf. Hier gilt es, sich nicht zu verstellen und sich Zeit zu geben, seine

Führungskompetenzen mit der Zeit auszubauen. Bleiben Sie natürlich und halten Sie Ihre Ziele im Blick, dann ist die Wahrscheinlichkeit erheblich niedriger, gekünstelt autoritär oder übertrieben „nett“ aufzutreten.

Fehlerquelle 6 – Die eigene Position in Frage stellen

Vertrauen gegenüber Ihrer Person hat Ihnen eine Führungsposition gebracht. Das darf Ihnen niemals peinlich sein. Ihre Leistung und Ihre Vertrauenswürdigkeit haben es Ihnen ermöglicht, aufzusteigen, nicht Nettigkeiten. Ihre Vorgesetzen vertrauen in Sie und Ihre Fähigkeiten. Wurden Sie vorher zum Bearbeiten der Aufgaben vergütet, so werden Sie nun für das Delegieren vergütet. Leben Sie Ihre Führungsposition und stellen Sie diese nie selber in Frage, sonst werden es auch Ihre Mitarbeiter tun.

Fehlerquelle 7 - Ungünstige Abläufe schleichen sich schnell ein

Unter der Führung Ihres Vorgängers haben sich bestimmt auch schlechte Abläufe eingeschlichen. Diese Abläufe sind Ihnen schon lange aufgefallen und es hat Sie in den Fingern gejuckt, dies alles zu beheben. Achten Sie genau darauf, ob sich bei Ihnen nicht auch ungünstige Abläufe einschleichen. Bewerten Sie auch Ihre eigene Arbeit stehts so objektiv wie möglich, um solche Fehler schnell zu erkennen, bevor sie zur absoluten Routine werden.

Fehlerquelle 8 - Stagnieren statt verändern

Manche Menschen sind extrem wissbegierig und lieben Veränderungen, andere sind eher Gewohnheitstiere. Es gibt hier kein Richtig oder Falsch, vielmehr geht es darum, dass wenn Sie eher ein Gewohnheitstier sind, Sie nicht stagnieren. Gehen Sie immer wieder aus Ihrer Komfortzone heraus, denn das wird viel Gewinn mit sich bringen. Glauben Sie mir! Seien Sie ehrlich zu sich selbst und überwinden Sie Ihre Bequemlichkeit, indem Sie sich neuen Herausforderungen stellen. Die meisten Menschen benötigen das, um dauerhaft zufrieden zu sein. Außerdem werden Sie als Leader nur wachsen, wenn Sie sich verändern, natürlich zum Positiven.

Fehlerquelle 9 - Verschlossen für Neues

Auch Führungsanfänger können sich für Neues verschließen. Doch gerade für Einsteiger ist es wichtig, offen für alles zu sein. Denn nur so können Sie herausfinden, was am besten zu ihnen passt und am besten funktioniert. Probieren Sie viel aus und vertrauen Sie auf die Erfahrungen anderer. Sie können von deren Wissen profitieren. Hierzu empfiehlt sich besonders ein regelmäßiger Austausch mit anderen Führungskräften.

Fehlerquelle 10 – Fehlende Leidenschaft

Auch wenn ich mir sicher bin, dass Sie viel Leidenschaft für Ihren Beruf und Ihre Führungsrolle hegen, nicht immer ist das von außen sichtbar. Sollte Ihr Umfeld, warum auch immer, den Eindruck haben, dass Sie der Arbeit nicht mit Leidenschaft nachgehen, kann das den Eindruck erwecken, dass Sie keine gute Führungskraft sind. Sogar dann, wenn Sie all Ihre Ziele erreichen! Es ist also wichtig, dass Sie Ihr Engagement von Beginn an und immerzu sichtbar machen und deutlich zum Ausdruck bringen. Natürlich kann es mit der Zeit passieren, dass die Leidenschaft tatsächlich verloren geht. Ihre Mitarbeiter würden dann das Gefühl bekommen, Sie hätten kein wirkliches Interesse mehr an ihnen und der Arbeit. Sorgen Sie dafür, dass das gar nicht erst passiert. Und wenn doch, horchen Sie in sich hinein und überdenken, warum das so ist. Sind Sie gelangweilt oder überfordert? Sind Sie unzufrieden mit Ihrem Gehalt oder können Sie sich nicht mehr mit dem Unternehmen identifizieren? Hat Sie der Alltagstrott gepackt und sehnen Sie sich nach einem neuen Leben, einer neuen beruflichen Herausforderung?

Die Verhandlung ums Geld

Eine Gehaltsverhandlung kommt nicht nur bei einem Neueinstieg, sondern auch bei langer Arbeitszeit im selben Unternehmen in Frage. Was für den einen eine Freude darstellt, sorgt beim anderen für Magenschmerzen. Wobei die meisten Menschen sich bei Verhandlungen eher schwer tun und diese nicht gerade zu ihren Lieblingsbeschäftigungen zählen. Die Angst ist oft groß, falsch zu reagieren oder Ablehnung zu erfahren. Natürlich kann der Chef ablehnen und Gegenargumente haben, aber mit folgenden Tricks und etwas rhetorischem Geschick haben Sie gute Chancen.

- ***Nutzen Sie den Anker-Effekt***
  Der Anker-Effekt nutzt es aus, dass der Mensch immer nach Werten oder Zahlen sucht, die er vergleichen kann, um somit einen Gegenstand oder etwas nicht Greifbares besser in seinem Wert beurteilen zu können. Hierbei handelt es sich um einen psychologischen Effekt, den Sie für sich nutzen sollten. Zum Beispiel tritt dieser Effekt ein, wenn Sie im Urlaub sind und sich auf einem Basar befinden. Hier wird verhandelt und derjenige, der als erstes einen Preis nennt, wirft den „Anker" damit. Hierbei ist es natürlich wichtig, dass Sie Ihr Gehalt realistisch einschätzen und nicht zu hoch pokern. Meistens werden

Sie derjenige sein, der als erstes den Anker wirft, also seinen Gehaltswunsch äußert. Das Gehalt, das Sie als erstes nennen, ist natürlich entscheidend dafür, welche Höhe Sie durchsetzen können und werden. Um also eine gute Verhandlungsgrundlage zu besitzen, muss die Forderung stimmen. Der richtige Wert beträgt bei einem langfristigen Arbeitgeber zwischen 3-10 Prozent. Wenn Sie einen Arbeitgeber wechseln, sind durchaus auch bis zu 20 Prozent zu erwirtschaften.

- ***Mit Werten überzeugen***

  Nennen Sie bewusst Ihre Werte, zeigen Sie, warum Sie dafür geeignet sind und mehr erhalten sollten. Scheuen Sie sich nicht, mit Ihren Erfolgen zu prahlen. Was Sie sonst vielleicht arrogant wirken lässt, weist nun auf, wie gut Sie sich im Unternehmen einbringen und wieviel Sie erreicht haben.

- ***Ruhig bleiben!***

  Lassen Sie sich nicht aus der Reserve locken. Nichts überstürzen! Egal welches Angebot der Chef als Gegenangebot macht, denken Sie erst darüber nach. Entscheiden Sie nicht voreilig. Wenn die Gespräche keinen Erfolg gebracht haben, geben Sie nicht auf. Es kommt wieder die Gelegenheiten, das Thema erneut anzusprechen und sich bis dahin erwiesen zu haben. Bleiben Sie standhaft bei Ihren Gehaltswünschen. Auch wenn der Chef immer wieder versucht zu handeln, zeigen Sie, dass Ihre Gehaltsvorstellung gerechtfertigt ist.

- ***Gegenargumente überlegen***
  Es ist nicht nur wichtig, gut vorbereitet zu argumentieren, sondern sich auch der eigenen Sache sicher zu sein. Nur wer an sich selber glaubt, kann Gegenargumente entkräften. Überlegen Sie von vorne herein, ob es etwas gibt, das Ihr Chef gegen eine Gehaltserhöhung hervorbringen könnte und überlegen Sie sich Gegenargumente. So bereiten Sie sich bestens vor.

Tipps für „Young Professionals"

Jung, motiviert, hochqualifiziert. So sind Arbeitnehmer ganz nach dem Geschmack der Vorgesetzten. Frisch von der Schule oder Uni mit qualifizierten Abschlüssen kommen diese Menschen direkt in eine wichtige Zielgruppe auf den Arbeitsmarkt. Unternehmen sind ständig auf der Suche nach neuen Helden für ihr Team. Durch hohe Ansprüche an sich selber und die Erfüllung der Vorgaben haben Young Professionals eine gute Verhandlungsbasis. Da es sich um die Entwicklung der eigenen Karriere handelt, sollten Angebote gut geprüft und abgewogen werden. Es geht um den eigenen Erfolg und die damit verbundene Laufbahn. Wenn Sie

Ihre Stärken bewusst einsetzen, können Sie es in kurzen Wegen ganz nach oben schaffen. Doch wie genau dies funktioniert und auf was geachtet werden sollte, erkläre ich in den nächsten Zeilen.

Klare Ziele und Fokus

Wenn Sie hoch hinaus wollen, müssen Sie erstmal wissen, wohin. Sonst werden Sie schnell überholt. Machen Sie sich eine Liste mit all Ihren Träumen und Wünschen. Aus diesen filtern Sie dann die wichtigsten Ziele heraus, die Sie tatsächlich für realistisch halten. Definieren Sie sie so genau wie möglich. Hier ein Beispiel: „schlank werden" ist noch kein Ziel. Es geht darum, genau zu bestimmen, wie der gewünschte Zustand der Zielerreichung aussieht und bis wann Sie diesen Zustand erreicht haben wollen. Wenn Sie also sagen, Sie möchten bis zum 31.12. insgesamt 10 kg abnehmen, handelt es sich um ein konkretes und messbares Ziel. Untergliedern Sie diese definierten Ziele in lang- und kurzfristige sowie nach deren Wichtigkeit beziehungsweise Priorität. Dann überlegen Sie sich Methoden, wie Sie sie erreichen können. Fertig sind Ihre Ziele inklusive Zeitplan und einzelner Schritte! Übernehmen Sie sich nicht, 100 Ziele gleichzeitig zu erreichen, ist schwer. Konzentrieren Sie sich auf die Ziele, die die höchste Priorität haben. Sie können diese Vorgehensweise sowohl für berufliche als auch für private Ziele verwenden.

Genaue Werte

Damit Sie wissen, welcher Lifestyle und welches Unternehmen zu Ihnen passt, sollten Sie Ihre Werte definieren. Eine Liste mit Werten finden Sie im Kapitel „Grundvoraussetzungen als Führungskraft - Wichtige Werte vertreten".

Lernbereitschaft und Weiterbildung

Um es nach ganz oben zu schaffen, sollten Sie stets lernbereit sein und alle Möglichkeiten der Weiterbildung für sich nutzen. Das ist eine häufige Eigenschaft der Young Professionals und ein Grund, warum sie auf dem Arbeitsmarkt so begehrt sind.

Aus Fehlern lernen

Fehler gehören dazu und gerade zu Beginn der Karriere könnten sie vermehrt in Fettnäpfchen treten. Nehmen Sie das nicht zu ernst. Jeder macht Fehler. Wichtig ist, dass Sie aus ihnen lernen und es das nächste Mal einfach besser machen.

Eigenmotivation und Selbstdisziplin

Young Professionals sind häufig hochmotivierte und disziplinierte, willensstarke Menschen. Hören Sie nie auf, diese Eigenschaften an sich zu trainieren und weiter auszubauen. Dann werden Sie es noch weit schaffen!

Kommunikationsfähigkeit und Geschick im Umgang mit Menschen

Menschen mit sozialen Kompetenzen sind immer mehr gefragt. Oft sagt man jüngeren Führungskräften nach, sie haben noch nicht die Erfahrung, die ältere aufweisen. Natürlich mag da etwas dran sein. Sie können aber brillieren, indem Sie geschickt im Umgang mit anderen sind und ein gutes Gespür für Menschen haben. Das können Sie sich selbstverständlich auch als junger Mensch aneignen. Trainieren Sie Ihre Kommunikationsfähigkeit und analysieren Sie stets Menschen und Körpersprache. Das wird Ihnen auf Ihrem Karrieresprung noch sehr helfen.

Work-Life-Balance

Der Fachterminus der Work-Life-Balance spielt in der heutigen Gesellschaft eine immer wichtigere Rolle. Leistung zählt mehr denn je, wobei eigene Bedürfnisse und sogar die Gesundheit oft außer Acht gelassen werden. Auf Dauer kann niemand volle Leistung bringen. Jeder Mensch braucht Ausgleich, Freizeit und Ruhe, um Kraft zu schöpfen. Wenn Sie Ihren absoluten Traumberuf gefunden haben, der sich für Sie anfühlt wie ein Hobby statt einer Arbeit, herzlichen Glückwunsch! Aber auch dann sollten Sie genügend Auszeit nehmen von der Arbeit. Immer nur zu funktionieren lässt jede Kerze irgendwann ausbrennen. Widmen Sie sich auch Hobbys und Aktivitäten, die nichts mit Ihrer Arbeit zu tun haben. Nur so finden Sie den Mittelweg. Eine Balance finden Sie, indem Sie Arbeit und Freizeit strikt voneinander trennen und außerdem Ihre Arbeit so auswählen, dass Sie zu Ihrem Leben passt. Und nicht umgekehrt!

Glück und Zufriedenheit können nur erreicht werden, wenn Sie diese Punkte beachten. Zuviel Stress kann Ihr Nervenkostüm und Ihre Gesundheit beeinträchtigen, auch dann, wenn Sie noch jung sind oder sich jung und fit fühlen. Leben Sie diese Work-Life-Balance von vorne herein.

Der richtige Einstieg

Die beruflichen Möglichkeiten bieten einem oft nicht nur eine Chance, sondern überfordern auch leicht. Bei den etlichen Möglichkeiten heutzutage fragen sich viele junge Menschen, was sie denn machen sollen. Eine grundlegende Analyse der Möglichkeiten ist unerlässlich. Wägen Sie alles mit Vor- und Nachteilen ab. Tragen Sie sie in zwei Spalten ein und bewerten so jede einzelne Möglichkeit. Überlegen Sie sich auch, inwiefern die verschiedenen Karrieren mit Ihren Werten übereinstimmen. Ist

Ihr Bild, das Sie von einem bestimmten Posten haben, wirklich realistisch?
Das Angebot von Trainee Programmen kann eine entscheidende Rolle spielen, wenn es darum geht, einen Job genauer kennenzulernen. In diesen Programmen bereiten Unternehmen ihre neuen Mitarbeiter intensiv auf das Unternehmen und die damit verbundenen Aufgaben vor. Die Programme gestalten sich transparent und zeigen beide Seiten der Medaille – die Vor- und Nachteile. Mittels solcher Programme soll es Trainees schmackhaft gemacht werden, freiwillig im Unternehmen zu bleiben. Natürlich sind diese Programme seitens der Unternehmen vor allem dafür konzipiert, neue und hervorragende Arbeitskräfte zu finden.
Letztendlich sollten Sie sich für die Stelle entscheiden, die Ihnen am meisten Spaß bereitet und auch sonst Ihre wichtigsten Erwartungen erfüllt. Nehmen Sie nicht zwangsläufig die Stelle an, die Ihnen aktuell das höchste Gehalt bietet. Es ist schließlich wichtig, dass Sie die Arbeit, wenn möglich ein Leben lang, erfüllt. Die meiste Zeit Ihres Lebens verbringen Sie auf Arbeit! Deshalb sollte das Gehalt nicht der ausschlaggebende Punkt sein, warum Sie sich für eine Stelle oder ein Unternehmen entscheiden.
Setzen Sie sich selbst nicht unter Druck bei der Entscheidung. Sie sind jung und es stehen Ihnen weiterhin viele Türen offen. Wenn Sie neugierig sind und sich zuerst ein Bild machen möchten, warum nicht? Dann schnuppern Sie zum Beispiel an Karrieren in Form von Praktika oder Auslandsaufenthalten in verschiedene Branchen und Firmen.

TEIL 2: Fortgeschrittene

TEST: Ihre Stärken und Schwächen als Führungskraft

Wie sehen Sie Ihre Mitmenschen? Wie sehen Sie Ihre Vorgesetzten? Können Sie sich gut einfügen? Was gibt es zu ändern?

Um all dies herauszufinden, ist es wichtig, sich selbst zu analysieren und reflektieren. Was sich ebenfalls empfiehlt ist, andere zu befragen, wie die einen sehen. Das eröffnet einem oft ganz neue Blickwinkel.

Finden Sie im folgenden **Selbsttest** heraus, wo Ihre Stärken und Schwächen liegen und was Sie eventuell noch verbessern könnten. Seien Sie bei diesem Test ehrlich zu sich, nur so erkennen Sie, welche Stärken Sie haben und woran Sie noch an sich arbeiten sollten. Lesen Sie sich Satz für Satz durch und schätzen Sie von einer Skala von 1-3 ein, inwiefern er auf Sie und Ihr Verhalten zutrifft. 1 bedeutet „trifft kaum zu“, 2 „trifft öfters zu“ und 3 „trifft sehr häufig zu“. Die höchste Stufe der Skala, also die 3, bedeutet, dass Ihre Fähigkeit sehr ausgeprägt ist. Stufen Sie sich mit 1 ein, besteht noch Luft nach oben, um sich zu verbessern.

Lassen Sie auch Ihre Mitarbeiter diesen Test ausfüllen, am besten anonym, damit Sie ein ehrliches Feedback von ihnen über sich als Führungsperson bekommen.

Umgang mit Kunden

Bedürfnisse und Interessen Ihrer Kunden haben Sie im Blick und gehen hervorragend mit ihnen um beziehungsweise geben Ihren Mitarbeitern gute Tipps, wie diese mit den Kunden umzugehen haben.

1	2	3

Wettbewerb

Sie und Ihr Team/Ihre Abteilung erreichen die vorgegebenen Ziele schneller als andere im Unternehmen.

1	2	3

Mitarbeiter einschätzen

Sie können Mitarbeiter sehr gut einschätzen, was ihre Persönlichkeiten und Ihre Stärken und Schwächen angeht.

1	2	3

Mitarbeiterpotenzial

Ihnen gelingt es, Mitarbeiter zu fördern und so zu einer noch besseren Leistung zu motivieren, da Sie deren Potenzial genau erkennen.

1	2	3

Aufgaben

Sie teilen Aufgaben immer den richtigen Mitarbeitern zu, da Sie sie sehr gut einschätzen können, auch in ihrer Leistung.

1	2	3

Akzeptanz

Wenn Sie Aufgaben delegieren, akzeptieren das Ihre Mitarbeiter sofort und machen sich gleich an die Umsetzung.

1	2	3

Ziele setzen

Sie setzen erfolgreich Ziele gemeinsam mit Ihren Mitarbeitern/Ihrem Team, denn Sie kommunizieren die Ziele klar und deutlich.

1	2	3

Organisation

Sie können Pläne und Abläufe hervorragend organisieren und haben immer alles im Blick, auch Ziele.

1	2	3

Innovation in Unternehmensprozessen

Sie sind innovativ und überdenken Prozesse, weshalb Sie sie stetig erfolgreich optimieren.

1	2	3

Leidenschaft

Sie stecken Ihre Mitarbeiter mit Ihrer Leidenschaft für die Arbeit an.

1	2	3

Engagement

Alle schätzen Sie für Ihr Engagement, das Sie täglich zeigen.

1	2	3

Authentizität

Sie verstellen sich nicht, sondern sind immer authentisch und stehen zu sich selbst beziehungsweise halten sich an eigene Wertvorstellungen.

1	2	3

Ansehen

Sie werden geschätzt als Führungsperson und von jedermann als solche akzeptiert.

1	2	3

Kontakte

Sie haben viele und gute Kontakte mit anderen Angestellten Ihres Unternehmens, darunter auch mit Angestellten anderer Abteilungen.

1	2	3

Stress

In stressigen Situationen oder in Unternehmenskrisen behalten Sie stets den Überblick, die Kontrolle und bewahren die Ruhe.

1	2	3

Vertrauen

Ihre Mitarbeiter vertrauen Ihnen, was Sie regelmäßig in bestimmten Situationen bemerken.

1	2	3

Mitarbeiter fördern

Sie fördern Ihre Mitarbeiter im selbstständigen Arbeiten und bauen sie emotional auf, etwa wenn sie sich nicht viel zutrauen.

1	2	3

Transparenz

Sie machen Ihre Absichten klar und deutlich und klären Ihre Mitarbeiter über alles Nötige auf, das sie wissen sollten.

1	2	3

Mitarbeiter binden

Sie binden Mitarbeiter an sich beziehungsweise an das Unternehmen und geben Ihnen die Möglichkeit, auch an Entscheidungen mitzuwirken.

1	2	3

Struktur

Ihr Arbeitsplatz ist aufgeräumt und auch sonst sorgen Sie für klare Strukturen in allen Bereichen.

1	2	3

Vorausschauend planen

Sie können vorausschauend planen, zum Beispiel wenn es um Unternehmensziele geht und entwickeln sinnvolle Strategien.

1	2	3

Disziplin

In stressigen Situationen oder in Unternehmenskrisen behalten Sie stets den Überblick, die Kontrolle und bewahren die Ruhe.

1	2	3

Durchgreifen

Sie greifen durch und können auch mal fordernd sein, wenn das nötig ist.

1	2	3

Wertschätzung

Ihnen liegt etwas an Ihren Mitarbeitern und Sie wollen ihr Bestes.

1	2	3

Konflikte

Sie stellen sich Konflikten, können gut mit diesen umgehen sowie diese klären und vermeiden sie in der Regel von Beginn an.

1	2	3

Kritik annehmen

Sie können Kritik annehmen und verbessern dann sofort Ihre Fehler.

1	2	3

Lob und Kritik austeilen

Sie nehmen kein Blatt vor den Mund, loben und kritisieren Ihre Mitarbeiter regelmäßig und sind dabei immer freundlich.

1	2	3

Teamplayer

Sie versuchen immer alles im Sinne des gesamten Teams zu klären und lösen, ohne einzelne oder sich selbst zu bevorzugen.

1	2	3

Dies sind die beliebtesten Führungsstile:

Autokratisch-autoritärer Führungsstil

Der Chef ist der König, die Angestellten folgen seinen Wünschen und Anordnungen. Es gibt keine freie Mitgestaltung. Positiv ist an dieser Art der Führung, dass Entscheidungen schnell getroffen werden können und klare Richtlinien herrschen.

Der Nachteil jedoch ist die Einschränkung der Mitgestaltung. Die Mitarbeiter bekommen ihre Arbeiten vorgegeben und ein kreatives Mitgestalten kann nicht stattfinden. Dadurch ist das Einbringen von neuen Ideen und anderen Perspektiven nicht gegeben.

Bürokratischer Führungsstil

Behörden und große Unternehmen folgen diesem Stil besonders gerne. Die Unternehmensregel gleicht einem Gesetzesentwurf. Um diese Regeln im Unternehmen wirklich alle zu kennen, muss man sich jahrelang damit auseinandergesetzt haben. Durch die genauen Dienstanweisungen, Stellenbeschreibungen und Richtlinien läuft der Arbeitsalltag automatisiert.
Nachteil ist, dass es hier kaum Innovative erfordert und dass das Arbeiten die Mitarbeiter weder fördert noch befriedigt. Auf die Dauer kann sich dies negativ auf das Arbeitsumfeld auswirken.

Demokratisch-kooperativer Führungsstil

Kreativität und Mitarbeit sind hier großgeschrieben. Die Mitarbeiter bringen sich selbstständig in die Abläufe mit ein. Marketingagenturen greifen mit Vorliebe auf diesen Weg zurück, da er das Miteinander fördert und zu einer großen Gemeinschaft aufruft. Der Nachteil ist, dass es keine klaren Strukturen gibt und die Erarbeitung neuer Projekte länger und aufwändiger sein kann.

Laissez-faire Führungsstil

Disziplin, Fachkompetenz, eigene Entscheidungen. Das sind die Anforderungen, damit dieser Weg funktionieren kann. Zumeist ist im Team kein wirklicher Chef erkennbar. Die Mitarbeiter arbeiten als Team nach ihren eigenen Vorgaben und Richtlinien die Aufgaben und Projekte ab. Die Vorgesetzten sehen diese Teams nur sehr selten. Es ist ein angenehmes Arbeiten, das aber nur in dem richtig gewählten Team funktioniert. Anders wird das Erarbeiten der Projekte im reinen Chaos enden.

Partizipativer Führungsstil

Diese Zusammensetzung aus kooperativer Führung und autoritärer Führung ist etwas Besonderes. Zumeist sind Führungsstile immer etwas abgewandelt und auf das Unternehmen angepasst, es gibt kaum einen Führungsstil, der zu 100% nach Leitfaden übernommen und umgesetzt werden kann. Die Mitarbeiter werden mit einbezogen, haben jedoch nur in bestimmten Belangen ein Mitgestaltungsrecht. Die Mitarbeiterbindung an das Unternehmen erfährt durch dieses Vorgehen eine gewisse Stärkung.

Transformationale Führung

Die Werte der Führungskraft stehen hierbei im Vordergrund. Durch diese Werte soll die Leistung der Mitarbeiter angepasst und angehoben werden. Es wird darauf abgezielt, dass sich die Mitarbeiter von alleine mit der Führungsebene spiegeln und diese reflektieren.

Situativer Führungsstil

Die Führungskraft ist im Falle der situativen Führung in der Lage, von Fall zu Fall neu und unterschiedlich zu entscheiden. Dies gibt einem einen gewissen Spielraum. Abhängig von der Art der Aufgabe sowie den Fähigkeiten der bestimmten Mitarbeiter, kann die Führungsperson den genauen Arbeitsablauf besser planen und gestalten.

Charismatischer Führungsstil

Charisma ist ein bedeutender Vorteil gegenüber der Autorität. Der Chef ist auch hier in der alleinigen Entscheidungsgewalt. Jedoch besitzt er wesentliche Merkmale, um seine Mitarbeiter nicht nur anzuleiten, zu befehligen, sondern sie auch zu motivieren. Seine Motivation springt auf die Angestellten über und das Arbeitsklima ist entspannter. Es gleicht fast einer sanften Manipulation.

Der Nachteil dieser Führung ist, dass die Mitarbeiter durch das Charisma des Chefs gewissermaßen manipuliert werden können. Diese merken so womöglich zu spät, dass ihre eigene Arbeitsbalance mit ihrem Privatleben nicht übereinpasst.

Die verschiedenen Führungsmodelle & -techniken

Das Gruppenkonzept

Es geht darum, die Mitarbeiter unter organisatorischen Gesichtspunkten in zwei Gruppen einzuteilen. Diese Gruppen sollten sich gleitend ergeben. Durch diese Gleitzone soll die Kommunikation im Unternehmen gestärkt werden. Wer in der einen Gruppe als Arbeiter steht, steht in der anderen als Moderator und umgekehrt. Die unternehmensinternen Prozesse sollten eine Optimierung erhalten und die Gruppenentscheidungen weniger Zeit in Anspruch nehmen. Da sich dies nicht so leicht umsetzen lässt, findet dieses Konzept wenig Anwendung.

Drei-Abteilungen-Führungsmodell

Personal sowie Führungskräfte werden gleichzeitig mit einbezogen und integriert. Es ist in drei Abteilungen für das Management aufgeteilt:

a. Normative Ebene = Unternehmen ist theoretisch begründet
b. Strategische Ebene = eigene Strukturen werden festgelegt und geplant

c. Operative Ebene = es wird praktisch umgesetzt

Es ist leicht umsetzbar und bietet klare Strukturen.

X-Y-Theorie

Diese Führungstheorie wurde von Douglas McGregor ins Leben gerufen. Dabei wird von zwei grundverschiedenen Menschentypen ausgegangen. Diese zwei Typen sind Gegensätze an sich, der X-Typ eignet sich eher weniger für den Arbeitsalltag und der Y-Typ hingegen zeigt große Eigeninitiative, wenn es um die Arbeit geht.
Da der X-Typ der Arbeit eher ausweicht und kaum Ehrgeiz zeigt, sind Sie als Führungskraft ständig angetan, ihn zu motivieren und dazu zu bringen, seine Ziele zu erreichen. Beim Y-Typ ist das Gegenteil der Fall. Er ist von sich aus bestrebt, gut in der Arbeit zu sein und seine Ziele zu erreichen. Solche Mitarbeiter entsprechen also der Wunschvorstellung und haben außerdem ein hohes Potenzial, das gefördert werden sollte. Sie eignen sich selbst gut als Führungskräfte. Es ist nicht immer richtig, Menschen in eine dieser zwei Schubladen zu stecken. Doch sicher werden Sie in der Arbeit bemerken, dass es Mitarbeiter gibt, die sich eindeutig einem dieser beiden Typen zuordnen lassen. Die Y-Typen sind Selbstläufer, sie müssen eher darauf achten, dass sie sich nicht übernehmen oder langweilen aufgrund Unterforderung. Den X-Typ gilt es zu motivieren, am besten indem Sie seine Visionen kennenlernen und Ziele mit ihm ausarbeiten.

Management & Zielerreichung

Diese Technik wurde von Peter F. Drucker erfunden und bis in die 70er Jahre weiter ausgebaut. Man findet es in vielen Unternehmen, auch heute noch. Abgekürzt lautet sie „MbO“. Bei dieser Führungstechnik werden Ziele beziehungsweise Zielvereinbarungen in den Fokus gerückt. Sie dienen als Werkzeug, welcher sich bedient wird um die Mitarbeiter zu führen. Prinzipiell wird bei dieser Technik davon ausgegangen, dass die Mitarbeiter sich aktiv am Unternehmensgeschehen beteiligen wollen. Ihnen wird also eine größere Freiheit gewährt und Verantwortung abgegeben. Eine hohe Motivation der Mitarbeiter ist häufig zu finden, wenn diese Technik angewandt wird. Wie die Mitarbeiter ihre Ziele erreichen sollen, bleibt ihnen überlassen.

Management & Resultate

Ergebnisorientiert, klare Vorgaben, klare Technik. Der Chef gibt seine Ziele vor, die er bis zu einem gewissen Zeitpunkt erwartet. Die Mitarbeiter liefern die Arbeiten ab und der Chef überprüft diese mit Sorgfalt. Es entsteht eine Ist- und Soll-Verbindung der Leistung. Dieser Weg lässt sich leicht mit einer autoritären Handhabung vergleichen. Die Mitarbeiter haben keinen freien Handlungsraum und können nicht die Initiative ergreifen oder sich einbringen.

Management & Entlastung

Damit die Entlastung des Managements funktioniert, müssen bestimmte Gegebenheiten erfüllt sein. Unter anderem:

- Es müssen delegierbare Aufgaben zum Erarbeiten sein, zumeist Routineaufgaben.
- Die nötige Fachkompetenz der Mitarbeiter muss sichergestellt sein.
- Die Verantwortungskompetenzen müssen dem Mitarbeiter nicht nur übertragen, sondern auch verständlich sein.

Nur wenn dies gegeben ist, kann der Chef seinen Mitarbeitern die Aufgaben übertragen, ohne extra Ziele oder Zeitlimits nennen zu müssen. Die Aufgabenstellung ist in den richtigen Händen klar dargestellt und kann eigenständig erledigt werden.

Management & Delegieren

Auch hierbei delegieren Sie die Aufgaben an Ihre Mitarbeiter, diese haben etwas mehr Entscheidungsfreiheit und erfüllen ihre Aufgaben nach den Richtlinien und Leitfäden im Unternehmen. Sie haben selbst mehr Zeit für andere Aufgaben und müssen nur selten in das Geschehen eingreifen.

Direkte und indirekte Führungsmittel

Direkte und indirekte Führungsmittel sollen Ihnen im Arbeitsalltag dienen und diesen erleichtern.

Die direkten Führungsmittel nehmen Einfluss auf jeden einzelnen Mitarbeiter und sind individuell anwendbar. Dazu gehören:

- Delegation der Aufgaben
- Planung der Karriere mit den Mitarbeitern zusammen
- Die Erschaffung einer Vertrauensbasis
- Feedback (positiv und/oder negativ)
- Zielvereinbarungen
- Mitarbeitergespräche
- Anerkennung der Leistungen
- Arbeitsgestalten des Alltages
- Rollenverteilungen
- Beteiligung an Entscheidungsprozessen

Indirekte Führungsmittel sind zum Gestalten des Arbeitsumfeldes sehr wichtig. Durch diese Mittel erhalten Sie indirekten Einfluss auf das Verhalten und die Art, wie Ihre Mitarbeiter den Alltag erleben. Dazu gehören:

- Auswahl der Mitarbeiter
- Normen und Regeln erstellen sowie einhalten
- Gestaltung der Arbeitsumgebung
- Teamentwicklung

Es kommt nicht auf den Einsatz vieler Führungsmittel an, sondern darauf, ob Sie es verstehen, diese anzuwenden. Der Gebrauch dieser Mittel erfordert Feingefühl und Einfühlungsvermögen. Wenn Sie dies nicht besitzen, wird die Gestaltung und Teamentwicklung scheitern.
Sollten Sie es mit Lob versuchen, ist Vorsicht geboten. Zuviel Lob kann das Interesse und die Wertschätzung an diesem Führungsmittel senken, zu wenig Lob kann zu fehlender Anerkennung und Wertschätzung führen. Daher ist Feingefühl das A und O beim Einsatz von Führungsmitteln.

Die Psychologie der Motivation

Grundlagen der Motivationspsychologie

Die Forschung der Motivation des Menschen ist ein Bereich der wissenschaftlichen Psychologie. Man kann vereinfacht sagen, dass der Mensch danach strebt, Freude zu erlangen oder Schmerz zu vermeiden. Doch die Gründe des menschlichen Verhaltens sind natürlich tiefgehender. Die Motivationspsychologie beschäftigt sich genau damit, warum ein Mensch bestimmte Ziele mit einer bestimmten Vehemenz verfolgt und warum er wie handelt. Die Motivation ist damit der Grund, warum jemand sich auf eine bestimmte Weise verhält.

Man unterscheidet bei der Motivation zwei grundlegende Arten, nämlich die intrinsische und die extrinsische Motivation. Erstere kommt aus dem Inneren des Menschen. Ein Beispiel für diese Art Motivation ist, dass es jemandem Spaß bereitet, zu arbeiten oder er die Vision verfolgt, eine großartige Karriere hinzulegen und sehr erfolgreich zu sein, in dem was er tut. So eine intrinsische Motivation funktioniert besser als die extrinsische, da sie aus dem Menschen selbst stammt und er sich auf eine bestimmte Art verhält, eben weil er es selbst möchte. Die extrinsische Motivation hingegen meint alle Einflüsse, die von außen stammen. Das kann zum Beispiel eine monetäre Belohnung sein oder auch eine Strafe. Wie Sie sehen, kann die extrinsische Art sowohl positiv als auch negativ (zum Beispiel in Form einer Strafe) sein.

Die Mitarbeiter- oder auch Arbeitsmotivation beschäftigt sich gezielt damit, wie Führungskräfte die Leistungen der Mitarbeiter durch angenehme Reize verbessern können.

Nutzen Sie als Leader beide Arten der Motivation, um bestmögliche Mitarbeiterleistungen zu erhalten. Die intrinsische Motivation funktioniert wie bereits erwähnt besser, weshalb Sie herausfinden sollten, was den einzelnen Mitarbeiter in seinem Inneren bewegt und was seine ganz persönlichen Ziele und Visionen sind. Fragen Sie ihn nach dem Grund, warum er täglich in die Arbeit geht. Was will er eigentlich von seinem Leben? Welche Karriere strebt er an? Wenn Sie seine wahre Vision erfahren, werden Sie ihn zu Höchstleistungen motivieren und natürlich auch fördern und auf seinem Weg begleiten können.

Das Ganze können Sie noch durch extrinsische Motivation ergänzen, indem Sie ihm Bonuszahlungen auszahlen bei besonderen Leistungen. Menschen lassen sich von Geld zwar kurzfristig motivieren, aber nicht unbedingt langfristig. Natürlich muss man Geld verdienen, um seinen Lebensunterhalt zu finanzieren und seine Existenz zu sichern. Aber wie viele Menschen quälen sich Tag für Tag in die Arbeit, die ihnen keine Freude bereitet und die sie am liebsten wechseln würden? Sie sehen, dass Geld zwar nötig ist, jeder braucht es um zu leben, aber es ist nicht der beste Grund, warum man in die Arbeit gehen sollte. Mit der Mitarbeitervision von der eigenen Bestleistung und einer tollen Karriere kann man da als Führungskraft schon viel mehr anfangen.

Was übrigens selbstverständlich ist, dass Sie Ihre Mitarbeiter nur mit positiven Reizen motivieren sollten. Von Strafen wird abgesehen. Was natürlich eine Ausnahme darstellt, ist wenn der Mitarbeiter gegen Regeln verstößt. Dann müssen Sie ihn „bestrafen“ in Form einer Abmahnung und er wird, wenn er seinen Job behalten will, dieses falsche Verhalten nicht mehr zeigen.

Techniken der Motivation

Es existiert nicht die eine Technik, die bei jedem Mitarbeiter gleich gut wirkt. Sie müssen für jeden Mitarbeiter ein Gefühl entwickeln und herausfinden, was ihn motiviert. Dazu dienen Mitarbeitergespräche. Wenn Sie das wissen, können Sie entscheiden, welche Motivationswege sich beim jeweiligen Mitarbeiter gut kombinieren lassen.

Hier finden Sie die häufigsten Techniken, mit denen Sie Mitarbeiter motivieren können. Beachten Sie dabei, dass deren Wirkung von dem Charakter abhängt. Wenn ein Mensch stark nach Anerkennung strebt, werden Sie ihn damit am besten motivieren können. Handelt es sich jedoch um eine Person, die sich nicht viel aus Anerkennung macht und stattdessen eher mit finanziellen Boni zu motivieren ist, sollten Sie natürlich dazu neigen, Bonuszahlungen einzusetzen.

1. ***Lob***

   Positive Rücksprachen und Lob sind wundervolle Mittel, um den Mitarbeitern etwas Dank entgegen zu bringen. Sie erfahren so Wertschätzung für ihre vollbrachte

Leistung. Doch überschütten Sie das Team nicht mit Lob, sondern dosieren Sie es auf eine gesunde Weise. Wenn Sie zu viel loben, verliert das Lob seine motivierende Wirkung. Außerdem schätzen Mitarbeiter es nicht mehr wirklich, aber würden womöglich negativ reagieren, wenn es ausbleibt, da sie es ja gewöhnt sind.

2. ***Anerkennung***
   Zeigen Sie jedem einzelnen Mitarbeiter, wie wertvoll er für das Unternehmen ist und dass Sie ihn sehr schätzen und sich freuen, ihn in Ihrem Team zu haben. Diese Anerkennung sollte nichts mit der Leistung eines Mitarbeiters zu tun haben, denn für eine gute Leistung loben Sie ihn ja. Anerkennung sollten Sie Ihrem Team prinzipiell entgegenbringen.

3. ***Ans Unternehmen binden***
   Gute Mitarbeiter sollten Sie an das Unternehmen binden, sonst werden Sie sie früher oder später an die Konkurrenz verlieren. Die Unternehmensbindung gelingt zum Beispiel, indem Sie dem Mitarbeiter mehr Freiheit gewähren und mehr Verantwortung auferlegen. Natürlich insofern er das auch möchte. Bestimmt wird er sich freuen, wenn er das Angebot von Ihnen bekommt, mehr Verantwortungsbereiche zu übernehmen und seine Arbeit freier gestalten oder Entscheidungen treffen zu können.

4. ***Teamgeist stärken***
   Den Teamgeist stärken Sie, indem Sie zum Beispiel gemeinsame Ausflüge mit dem Team organisieren und durchführen. So kommen sich die Mitarbeiter ein Stück

näher und erfahren zum Beispiel beim gemeinsamen Klettern, dass sie sich aufeinander verlassen können – und zwar nicht nur im Büro. Der Zusammenhalt im Team beziehungsweise ein gutes Arbeitsklima sind entscheidend, wenn Sie Ihr Team zu Höchstleistungen motivieren möchten.

5. ***Belohnung auf dem Gehaltsscheck***

   Zahlen Sie, wenn möglich, Bonuszahlungen aus. Besondere Leistung sollten Sie auch auf besondere Art anerkennen. Natürlich reicht Geld allein nicht aus, sprechen Sie bei hervorragenden Leistungen immer Ihr persönliches Lob aus. Wenn möglich, sollte es sich übrigens um steuerfreie Prämien handeln.

6. ***Beförderung***

   Stellen Sie eine Beförderung in Aussicht, wenn Sie besonders viel Potenzial in einem Mitarbeiter sehen. Am besten entwickeln Sie einen konkreten Plan mit ihm, wie er diese Beförderung erlangen kann. Machen Sie einen Zeitplan, schicken Sie ihn auf Weiterbildungen und geben Sie konkrete Ziele vor. Der Mitarbeiter wird sehr bemüht sein, diese Ziele zu erreichen und sich die nötigen Skills anzueignen, um befördert zu werden. Wichtig ist, dass Sie einhalten, was Sie versprechen und am besten auch eine genaue Zeit vorgeben, in der Sie die Beförderung für möglich halten.

7. ***Gehaltserhöhung***

   Wenn Sie nicht gleich eine Beförderung in Aussicht stellen können und wollen, warum dann nicht eine

Gehaltserhöhung für Mitarbeiter, die eine besonders gute Leistung bringen und zwar dauerhaft?

8. ***Entscheidungen und Freiheit***
   Über mehr Freiheit freut sich eigentlich jeder Mensch. Geben Sie Ihren Mitarbeitern die Möglichkeit, selbstständiger zu arbeiten und beziehen Sie sie in Entscheidungen mit ein. Das wird bei ihnen ein Gefühl auslösen, dass Sie sie ernst nehmen, ihre Arbeit schätzen und ihnen die Möglichkeit geben, sich zu beweisen.

9. ***Verantwortung***
   Nicht alle Menschen möchten mehr Verantwortung übernehmen. Dennoch ist ein großer Anreiz für einige Mitarbeiter, ihre Verantwortungsbereiche zu erweitern, sich mehr in das Unternehmen einzubringen und dazu zu lernen.

Mitarbeitergespräche & Zielvereinbarungen

Gespräche mit Ihren Mitarbeitern sind unerlässlich. Gelegenheiten und Anlässe bieten sich fast jeden Tag, sodass ein stetiger Austausch zwischen Mitarbeitern und Vorgesetzten ohne Probleme und Zwänge stattfinden kann. Daneben sind natürlich auch Meetings, Besprechungen, gemeinsame Mittagspausen oder Seminare eine gute Gelegenheit, spontane Unterhaltungen auf zwischenmenschlicher Basis einzubauen.
Bei diesen Gesprächen geht es nicht darum Smalltalk zu halten, sondern es geht darum, sich besser kennenzulernen, zu motivieren und Probleme zu beseitigen. Konflikte und Unzufriedenheit finden genauso Gehör wie Lob oder Anerkennung.

So läuft ein Mitarbeitergespräch am besten ab:

Nehmen Sie sich je Mitarbeiter 60 Minuten Zeit. Die Räumlichkeit sollte nicht zu groß sein, da das unpersönlich und ungemütlich wirkt. Viel lieber wählen Sie einen gemütlichen, hellen und kleineren Raum. Eine neutrale Umgebung, wie ein Café in der Nähe, eignet sich übrigens besser als die bekannten Büroräume. Bereiten Sie sich genau auf das Gespräch vor, machen Sie sich Gedanken, was Sie ausarbeiten möchten und informieren Sie sich über den Mitarbeiter, seine Daten und Leistungen. Zudem sollten Sie ihm während des Gesprächs Ihre volle Aufmerksamkeit widmen. Vielleicht können Sie Ihr Telefon für diese Zeit weiterleiten.

Im Gespräch selbst sollten Sie versuchen, möglichst viel über den Mitarbeiter und seine Belange und Wünsche zu erfahren. Wenn Sie ihm neue Aufgaben zuteilen, machen Sie das so genau wie möglich, zum Beispiel anhand einer To-Do-Liste oder eines Leitfadens.

Generell gilt, alles schriftlich festzuhalten.

Wenn Sie gemeinsam Ziele ausarbeiten, gebrauchen Sie dazu die SMART-Formel. „Smart" steht für verschiedene Kriterien, wobei jeder einzelne Buchstabe des Wortes für ein eigenes steht. Anhand dieser Formel können Sie bestimmen, ob ein Ziel messbar ist, also die Zielerreichung geprüft werden kann. Übrigens gibt es einen Unterschied zwischen der Zielvereinbarung und -vorgabe. Bei der Vereinbarung arbeiten Sie Ziele gemeinsam aus und der Mitarbeiter ist einverstanden. Bei der Vorgabe geben Sie schlichtweg welche vor, ohne nach dem Einverständnis des Mitarbeiters zu fragen. Ich empfehle Ihnen auf jeden Fall zur Methode der Zielvereinbarung zu greifen anstelle der -vorgabe. Denn Mitarbeiter sollten sich freiwillig Ziele setzen und es sollte in ihrem Interesse liegen, diese zu erreichen. Das sorgt für weitaus bessere Ergebnisse.

S – spezifisch:

Ziele müssen spezifisch formuliert und absolut klar sowie verständlich sein.

M – messbar:

Es muss messbar sein, ob ein Ziel erreicht ist oder nicht und inwiefern. Auch Teilziele müssen messbar sein.

A – anspruchsvoll:

Ziele sollten anspruchsvoll sein, damit sie motivieren. Aber auch nicht ZU anspruchsvoll, denn sonst können sie nicht erreicht werden.

R – realistisch:

Natürlich sollte ein Ziel realistisch sein. Es muss also für Ihren Mitarbeiter machbar und erreichbar sein, was von seinem Können und Wissen abhängt.

T – terminiert:

Ziele müssen terminiert sein. Bis wann soll es erreicht werden? Bis wann sollen Teilziele erreicht werden?

Muster einer Zielvereinbarung

Einleitung - Erläuterung der momentanen Situation des Unternehmens.

In welcher Position trägt der Mitarbeiter zu dem jetzigen Unternehmensstand bei?

Gibt es Verbesserungsansätze oder Verbesserungswünsche, die den Mitarbeiter betreffen?

Existieren bestimmte Punkte, die Sie dem Mitarbeiter nahelegen möchten?

Mitarbeiter: Selbsteinschätzung, Stärken & Potenzialanalyse

Welche Stärken sehen Sie an sich selber?

Welche Aufgaben liegen Ihnen besonders?

Welche Fähigkeiten sehen Sie selbst an sich besonders hervorstechen?

Wie ist das Verhältnis zu Vorgesetzten, wie läuft es mit Konfliktlösungen?

Sind Sie bereit Ratschläge von Kollegen anzunehmen? Welche Stärken zeichnen Sie gegenüber anderen aus?

Gibt es etwas um Ihre Motivation zu steigern?

Welche Vereinbarungen sind getroffen worden?

Ziel 1:

Zeitlimit für die Erreichung der besprochenen Ziele:

Beschreibung:

Welche Aufgaben müssen erfüllt sein?

Teilziele:

Welche Zwischenziele wurden gesetzt?

Voraussetzungen:

Welche Faktoren haben Einfluss auf die Zielerreichung?

Benötigen Sie Hilfestellungen bei der Erfüllung der Ziele?

Welche Personen sind betroffen auf dem Weg zu den Zielen?

Überprüfung:

Wer übernimmt die Überprüfung der erledigten Aufgaben und welcher zeitliche Rahmen wird dafür vorgesehen?

Wiederholen Sie bei Bedarf alles bei weiteren Zielen.

Abschluss

Feedback:

Wie empfinden die Gesprächspartner das geführte Gespräch?

Die Sicht der Führungsperson:

Ziele, Aussichten, Erfolge, Klärungsbedarf:

Fragen und Anregungen:

Wichtige nicht angesprochene Punkte:

Sprechen Sie Dank aus und verabschieden Sie den Mitarbeiter zum Schluss.

Mitarbeiter beurteilen

Die Mitarbeiterbeurteilung gibt Ihnen Aufschluss über die Möglichkeiten eines jeden Mitarbeiters und trägt dazu bei, die richtigen Aufgaben an die jeweiligen Personen zu vergeben.

Die Beurteilung eines Mitarbeiters ist eine individuelle Angelegenheit. Ob es sich bei der Beurteilung um eine mögliche Beförderung handelt oder vielleicht um einen Stellenwechsel auf Wunsch des Mitarbeiters, es sollten immer alle Aspekte hinzugezogen werden. Teamgeist, Zuverlässigkeit, Mitarbeit, Soft Skills, Kritikfähigkeit - all diese Eigenschaften sollten betrachtet werden. Die fachliche Kompetenz darf auch nicht außer Acht gelassen werden. Neben den Beobachtungen aus dem Alltag gibt es bestimmte Kennzahlen für Leistungen. Um die aktuellen Entwicklungen besser beurteilen zu können, empfiehlt es sich, ältere Bewertungen erneut durchzugehen. Eindrücke von Kunden sowie von Mitarbeitern sollten ebenfalls eine Rolle spielen.

Worauf Sie bei Mitarbeiterbeurteilungen besonders achten sollten, ist Ihre Objektivität. Lassen Sie Sympathie oder auch Antisympathie niemals einfließen, wenn Sie einen Mitarbeiter einschätzen. Der „Halo-Effekt" beschreibt dieses Phänomen ganz deutlich. Das Wort „Halo" stammt aus dem Griechischen und steht für den Lichtkreis um die Sonne sowie um den Mond. Dieser Effekt beschreibt es, wenn die Kompetenz einer Person sozusagen „überstrahlt" wird und Sie sie besser einschätzen, als sie tatsächlich ist. Den Halo-Effekt in seiner negativen Form nennt man „Teufelshörner-Effekt". Dieser Effekt beschreibt, wenn Sie eine Person schlechter einschätzen, sie weniger gut oder attraktiv wahrnehmen, als sie tatsächlich ist. Bei diesen Effekten handelt es sich um psychologische, die in jedem Alltag auftreten, egal ob im persönlichen oder beruflichen. Schützen können Sie sich nur davor, indem Sie sich bewusst darüber sind und sich stets selbst reflektieren.

Checkliste – Richtig beurteilen:

Arbeitsweise

- Wie zufriedenstellend sind die gelieferten Arbeiten?
- Wie schätzen andere Vorgesetzte und Kollegen seine Arbeit ein?
- Gab es Fehlerquoten?
- Arbeitet er effektiv und fokussiert?
- Setzt er genau das um, was man von ihm verlangt?

Kunden

- Welches Bild haben Kunden vom Mitarbeiter?
- Versteht er es, richtig mit Kunden umzugehen und auch schlichtend zu wirken, falls ein Kunde mal unzufrieden ist?

Schnelligkeit

- In welchem zeitlichen Rahmen sind die Aufgaben erledigt worden?
- Hat der Mitarbeiter die Arbeiten schneller als vorgegeben erledigt?

Leistung

- War der Mitarbeiter motiviert?
- Hat der Mitarbeiter eine starke oder eher schwache Leistung gebracht?
- Ist seine Leistung von dauerhafter Qualität oder schwankt sie darin?

Sozialverhalten

- Ist der Mitarbeiter beliebt?
- Wie geht er mit Konflikten um?
- Arbeitet er gerne im Team oder lieber alleine?
- Ist er eher zurückhaltend oder offen?
- Welche Rolle übernimmt er im Team?
- Wie sehen und beschreiben ihn Kollegen?

- **Selbstständigkeit**
  - Arbeitet der Mitarbeiter selbstständig oder benötigt er viel Führung?
  - Hält der Mitarbeiter sich von alleine an Fristen und kann er seine Arbeit planen?

- **Ziele**
  - Hat der Mitarbeiter seine Ziele erreicht? Wenn nicht, woran lag das?
  - Setzt der Mitarbeiter sich gerne Ziele oder fühlt er sich unter Druck gesetzt?

- **Stresssituationen**
    - Wie verhält er sich in stressigen Situationen, bewahrt er den Überblick?
    - Oder ist der Mitarbeiter wenig belastbar und Stress macht sich an seiner Arbeit schnell bemerkbar?

Mitarbeiteranalyse

Hohe Kosten entstehen nicht nur durch Fehlerquoten, sondern auch wenn gutes Personal geht und neues angeworben und eingearbeitet werden muss. Die Kosten können gesenkt oder vermieden werden, indem man die Bewerber und Mitarbeiter analysiert, inwiefern sie der Stelle gerecht werden können.

Eine Analyse des Mitarbeiterpotenzials wird in den unterschiedlichsten Bereichen eingesetzt. Mit dieser Möglichkeit können Sie die Arbeitsabläufe auf das jeweilige Mitarbeiterprofil zuschneiden. Ein ebensolches Profil wird nicht nur für den Mitarbeiter, sondern auch für die Stelle an sich eingerichtet. Per Scan werden die Profile der Mitarbeiter mit denen der zu besetzenden Stellen verglichen. Eine klare Ansicht ermöglicht ein schnelleres Auffinden eines geeigneten Kandidaten.

Es gibt verschiedene Methoden, um Mitarbeiter zu analysieren.

- **Fragebögen:**
  Bei dieser Methode füllen die Mitarbeiter einen Fragebogen aus, auf welchem sie ankreuzen müssen und ihre Stärken und Schwächen selbst einzuschätzen haben. Das ist auch ein möglicher Nachteil, nämlich dass die Mitarbeiter sich selbst falsch einschätzen oder überschätzen.

- **Assessment Center:**
  Unternehmen laden in sogenannte Assessment Center ein, wo dann Bewerber analysiert werden. Dabei bekommen die Bewerber sowohl Aufgaben, die sie sowohl alleine als auch in Gruppen zu bewältigen haben. Dadurch können ihre Eigenschaften, ihre Kompetenzen, aber auch ihre sozialen Fähigkeiten eingeschätzt werden.

- **Gespräche:**
  Bei dieser Methode werden Gespräche mit Bewerbern oder Mitarbeitern geführt, in welchen viele Fragen an sie gestellt werden. Man macht sich sozusagen persönlich ein Bild.

  Außerdem kann auch das Fachwissen, also das theoretische, geprüft werden in Form von Fragebögen oder Tests. Diese Tests können auch in einem Assessment Center ausgeteilt werden.

Personalentwicklung

Die Maßnahmen der Personalentwicklung dienen der Bildung, Förderung und Unternehmensbindung der Mitarbeiter.

Es ist wichtig, dass Ihre Mitarbeiter immer auf dem neusten Stand sind. Hochqualifiziertes Personal lässt Sie außerdem wettbewerbsfähig bleiben. Dank geeigneter Maßnahmen und Fortbildungen können Sie die Kompetenzen der Mitarbeiter ausbauen und außerdem auf deren Wünsche eingehen, wenn diese sich weiterentwickeln oder etwas dazu lernen wollen.
Als Maßnahmen eignen sich Kommunikationstraining, Training im Umgang mit Menschen und Schulungen und Förderungen, die auf das jeweilige Fach ausgerichtet sind. Auch ein berufsbegleitendes

Fernstudium kann eine Möglichkeit der Weiterentwicklung sein, das beispielsweise vom Unternehmen finanziert wird, ganz oder teilweise.
Dank solcher Maßnahmen wird dafür gesorgt, dass Mitarbeiter motiviert bleiben. Es ist Ihre Aufgabe als Führungskraft, dies im Blick zu halten. Außerdem entscheiden Sie mit, welcher Mitarbeiter welche Maßnahme auferlegt bekommt.
Es liegt in Ihrem Ermessen, dadurch Mitarbeiter zu fördern oder auch Schwächen zu kompensieren. Mitarbeiter können natürlich selbst entscheiden, ob Sie überhaupt an Weiterbildung interessiert sind.

Personalmanagement

Das Personalmanagement liegt nicht allein in Ihrer Hand, sondern meist in der aller Führungskräfte Ihres Unternehmens. Durch dieses Management soll dafür gesorgt werden, dass Mitarbeiter zufrieden sind und Arbeitsprozesse funktionieren. Menschen machen den entscheidenden Unterschied, wenn es um Unternehmen geht. Ein Unternehmen ist im Grunde nur so gut wie seine Mitarbeiter. Sinn ist durch ein gutes Management Personalkosten zu sparen, die etwa entstehen durch einen häufigen Mitarbeiterwechsel oder schlechte Arbeitsleistung.

Natürlich soll auch vermieden werden, dass Mitarbeiter aufgrund von Unzufriedenheit wechseln zu anderen Unternehmen.

Dies sind Bereiche des Personalmanagements:

- Personalplanung und -verwaltung
- Personalwesen
- Personalcontrolling
- Personalentwicklung
- Personaleinsatz
- Recruiting und Bewerbungsprozesse

Organisation

Aufgabenplanung

Zeit zu gewinnen für wichtigere Aufgaben ist leicht durch ein gutes, durchdachtes Delegieren anderer Aufgaben möglich. Die

Routineaufgaben des Tages können schnell zu einer zeitraubenden Arbeit heranwachsen.
Sollten Sie den falschen Mitarbeiter mit den falschen Aufgaben betreuen, kann es jedoch zu hohen Fehlerquoten und Verlusten führen. Entscheiden Sie weise und nehmen Sie sich dafür auch die nötige Zeit. Diese sparen Sie nur bei einer guten Vorbereitung und Auswahl später wieder ein. Damit es Ihnen leichter fällt, die richtige Person auszuwählen, können Sie diese Fragen für sich selber stellen:

- Wem würde ich diese Fachkompetenz zutrauen?
- Wieviel Motivationspotenzial bringt die Erledigung der Aufgabe mit sich?
- Hilft die Aufgabenstellung dem Mitarbeiter sich weiterzuentwickeln?
- Wie dringend und wichtig ist die Aufgabe?

Selbstorganisation

Selbstorganisation ist eine große Fähigkeit, die zum Glück erlernbar ist. Vor allem im Alltag von Führungskräften ist sie unerlässlich. Sie müssen erstmal sich selbst organisieren, bevor Sie Arbeiten anderer organisieren können. Oft wird von Leadern ein hohes Organisationstalent abverlangt.

<u>Ich empfehle Ihnen folgende Prinzipien:</u>

- Aufgabenlisten führen.
- Eigene Defizite erkennen und auflösen.
- Setzen Sie Prioritäten: was ist wichtig, was dringend? Was muss sofort erledigt werden, was kann warten?
- Tragen Sie alle Termine in Ihren Terminkalender ein sowie auch wichtige Aufgaben.
- Machen Sie sich täglich eine To-Do-Liste, damit Sie immer den Überblick haben und nichts vergessen.
- Puffer einplanen um nicht in Zeitnot zu geraten.

Mein Tipp:
Sie werden ständig von Vorgesetzten, Kollegen und auch von Ihren Mitarbeitern beobachtet. Von Ihnen wird immer erwartet, dass Sie alles unter Kontrolle haben und das Richtige tun. Überlastung kann Ihre Leistung schwächen, tanken Sie deshalb in Ihrer Freizeit Energie und sorgen Sie für eine klaren Kopf. Beispielsweise eignen sich dafür Sport, Meditation oder Wanderungen in der Natur. Eigentlich alles, was Ihnen gut tut! Als Führungskraft unterliegt man stets einem gewissen Druck, man sollte damit also gut umgehen können. Üben Sie sich in der Selbstorganisation, indem Sie zum Beispiel auch im Privatleben Ihren Alltag und Aktivitäten durchtakten.
Ein Mensch ist entweder gut organisiert oder chaotisch. Welchem Typ Sie angehören, zeigt sich meist schon in Ihrem Privatleben. Es ist selten der Fall, dass eine Führungskraft in der Arbeit ein Organisationstalent ist, aber zuhause ein Chaot (oder umgekehrt).
Wichtig ist, dass Sie alles im Blick und im Griff haben. Wenn Sie feststellen, dass Sie nicht gut im Organisieren sind, sollten Sie dringend daran arbeiten, denn Sie kommen als Leader nicht darum herum.

Projektmanagement & Zusammenstellen der Teams

Was ist eigentlich ein Team?

Im Grunde kann man es so definieren, dass mehrere Mitarbeiter gemeinsam daran sind, ein Problem zu lösen oder an einem Projekt zu arbeiten. Meistens handelt es sich um Projekte, bei deren Bewältigung es nötig ist, mehrere Experten einzusetzen, die sich eben auf ihrem Gebiet sehr gut auskennen. Solche Teams sind meist zeitlich begrenzt.

Teams müssen bedacht zusammengestellt werden. Zum einen haben Sie dafür zu sorgen, dass die Arbeiten richtig aufgeteilt werden bezüglich der Kompetenzen der Mitarbeiter. Zum anderen haben Sie auch dafür zu sorgen, dass das Team an sich funktioniert, die verschiedenen Charaktere also miteinander harmonieren. Die Fachgebiete, die benötigt werden, sollten optimalerweise abgedeckt werden von Teammitgliedern.
Dies umzusetzen erfordert etwas Zeit. Doch es lohnt sich, jedem Mitarbeiter das Gefühl zu geben, ein Teil des Ganzen zu sein. Machen Sie Ihre Projekte zu den Projekten Ihrer Mitarbeiter.

Zusammenstellung und Führung

Wie bereits erwähnt, kommt es darauf an, dass Sie Ihr Team optimal zusammenstellen. Beachten Sie, welche Charaktere die Teammitglieder haben. Setzen Sie es zusammen mit zu vielen ähnlichen Charakteren, kann das genauso zu Störungen führen wie dann, wenn Sie zu viele verschiedene Charaktere auswählen. Es ist unheimlich wichtig für den Erfolg Ihres Teams, dass Sie darauf achten, dass sich alle ergänzen, nicht anecken werden und dennoch einen gemeinsamen Nenner finden können. Das ist wahrlich eine Herausforderung, was die Zusammenstellung und später auch die Führung von Teams angeht. Dazu benötigen Sie Menschenkenntnis und Fingerspitzengefühl. Es heißt zwar, Gegensätze ziehen sich an, wenn Menschen aber zu verschieden sind, kann das zu Spannungen führen oder sie finden einfach keinen gemeinsamen Nenner. Dann heißt es, Gleich und Gleich gesellt sich gern, aber auch in diesem Fall kann es zu Störungen innerhalb eines Teams führen, wenn sich Teammitglieder zu ähnlich sind. Alle Rollen sollten abgedeckt werden in einem Team. Meredith Belbin hat **9 Teamrollen** definiert, die im Idealfall in einem Team vorhanden sein sollten. Anhand dieser können Sie sich wunderbar orientieren und so für ein „perfektes“ Team von Anfang an sorgen. Das heißt natürlich nicht, dass nicht trotzdem Spannungen entstehen können. Bestimmt ist Ihnen schon mal aufgefallen, dass sich Menschen auf eine spezielle Art verhalten, wenn sie Mitglied eines Teams sind. So kann man ihnen auch verschiedene Rollen zu schreiben, die ich Ihnen nun anhand von Beispielen näher erläutern werde.

Zum einen gibt es den Experten, das ist der Kollege, der über ein hohes Fachwissen verfügt und scheinbar den optimalen Durchblick hat und behält. Er bereichert ein Team selbstverständlich enorm. Zum anderen gibt es den Perfektionisten, denjenigen, der nach dem Ideal strebt. Er hat hohe Ansprüche und ein Auge für das Detail. So ein Typ Mensch arbeitet konzentriert und genau, doch macht er sich auch sehr oft Sorgen, wahrscheinlich weil er jedes einzelne Detail sieht und überdenkt.

Außerdem gibt es den Teamplayer, der es einfach liebt, in Gruppen zu arbeiten. Er ist sehr mitfühlend und sorgt für Harmonie im Team, doch mit Diskussionen kann er schlecht umgehen. Jetzt kommen wir zu einem weiteren Prototyp, dem Alphamännchen: er ist einer, der gern das Sagen übernimmt und

sich leicht und schnell in einer Gruppe bemerken lässt. Dieser Mensch steht zu sich selbst und geht Diskussionen nun wirklich nicht aus dem Weg. Empathisch ist er allerdings eher weniger. Eine weitere Teamrolle ist die des Umsetzenden, er denkt und handelt praktisch und auf ihn ist Verlass. Flexibel kann man ihn nicht gerade nennen, dafür aber zuverlässig. Außerdem gibt es noch das Erfindergenie, der ständig seine tollen Ideen einbringt und neue Lösungsvorschläge vorgibt. Er ist kreativ, doch schweift er auch gedanklich schnell mal ab. Die nächste Rolle ist die des Organisators, der gern Aufgaben verteilt und für Ordnung sorgt. So einer Person vertraut man gern, da sie sehr souverän ist. Als vorletztes gibt es noch den Kontrolleur, der, wie sein Name schon sagt, gern kontrolliert und Strategien anwendet. Zum Schluss stelle ich Ihnen noch den Weichensteller vor, der die Gruppe mit der Umwelt verbindet und umgekehrt. So gelingt zum Beispiel auch Kommunikation mit Personen außerhalb der Gruppe, die in das Projekt involviert sind.

Sie müssen also darauf achten, dass am besten jede der Teamrollen besetzt ist. Manchmal gibt es auch Mischtypen, die mehrere Rollen erfüllen. Stellen Sie sich vor, Sie besetzen Ihr Team mit lauter starken Anführer-Typen. So ein Team ist zum Scheitern verurteilt, außer Sie haben viel Glück. Die Alphamännchen könnten sich aber gegenseitig die Köpfe einschlagen. Wenn Sie Ihr Team fast nur mit kreativen Erfindergeistern besetzen, kann es passieren, dass sie die besten Ideen haben, aber kaum was davon umsetzen. Sie verstehen also, warum die Besetzung des Teams so wichtig ist...

Meilensteinplanung

Meilensteine sind einzelne Teilbereiche eines Projekts, sozusagen Schritte. Untergliedern Sie Ihr Projekt in solche Meilensteile.

Wichtig ist, dass Sie ein genaues Datum, also eine zeitliche Frist, für jeden einzelnen Meilenstein setzen. Beachten Sie unbedingt etwas Zeitpuffer einzuplanen. Oft kommt es zu Verzögerungen, mit denen man eigentlich nicht gerechnet hat. So ein Puffer wird Ihnen da enorm helfen! Ähnlich wie bei Zielen, das in Teilziele gegliedert wird, gelingt die erfolgreiche Bewältigung eines Projekts so einfacher.
Ein sicherer Projektablauf sieht vor, dass vor allem die Aufgaben der Projektplanung sowie deren Logik bedacht werden. Durch ein übersichtliches Konzept wird Klarheit über die Inhalte des Projekts gegeben. Dieser Konzeptplan begleitet den kompletten Ablauf und dient immer wieder zur Überprüfung aller Aufgaben. Eine schnelle Kontrolle und Korrektur sind dadurch zu jeder Zeit gegeben. Zur Fertigstellung des Projektes ist der letzte Meilenstein abgeschlossen - alle Aufgaben sollten erfüllt sein. Um ein Projekt also reibungslos über die Bühne zu bringen, ist es wichtig, sich diese einzelnen Meilensteine konzentriert und genau zu erstellen. Die Überschaubarkeit des Projektes dient nicht nur Ihnen, sondern allen Beteiligten.

Planung & Moderation & Projektsitzung

Sitzungen dienen zur Planung eines Projektes. Zu den Besprechungen in dieser Zeit sollten idealerweise alle Projektbeteiligte anwesend sein. Ein dazu ernannter Projektleiter (das müssen nicht Sie sein!) ist zuständig, die gesonderten Meetings zu organisieren und zu schauen, dass alle Beteiligten daran teilnehmen. Sie können diesen Leiter vom gesamten Team demokratisch wählen lassen oder selbst bestimmen.
Vorarbeiten und Moderation werden schriftlich festgehalten, um später genau nachvollziehen zu können, was vereinbart wurde und was wann zu erledigen ist. Vorab kann jemand festgelegt werden, der Protokoll führt während der Meetings.

Projektdauer, Fortschritt und Entwicklung bestimmen, wie häufig das Team eines Zwischenmeetings bedarf. Durch eine gut vorbereitete Moderation des Meetings werden alle wichtigen Punkte angesprochen und abgedeckt.

Ein Moderator leitet das Meeting. Er führt die Gruppe an und gibt die jeweiligen Abteilungen und Bereiche vor. Er unterstützt die Selbständigkeit und Eigenverantwortlichkeit der Mitarbeiter in ihren Aufgaben. Lösungsansätze für schwierige Entscheidungen werden zumeist zusammengetroffen und festgehalten. Ein gewisses Einfühlungsvermögen für das anstrebende Thema sollte vorhanden sein. Mit den richtigen Denkanstößen verhilft er den Experten in die richtige Richtung. Klare Strukturen sowie perfekte Organisation sind des Moderators Aushängeschild.

Das sollten Moderatoren beachten:

- Der richtige Termin für die Sitzung.
- Die richtigen Teilnehmer finden.
- Zeitraum der Sitzung festlegen.
- Geeignete Unterkunft für die Sitzung finden.
- Einladungen zum Projekt überprüfen.
- Protokoll erstellen.

Außerdem: Geben Sie immer Raum für Fragen und Einwände. Ergebnisse sollten für alle Mitwirkenden transparent zu erkennen sein. Nur so können einzelne Schritte genau nachvollzogen werden. Sollte jemand aufgrund von Krankheit nicht anwesend sein, so sollte derjenige hinterher informiert werden, was im Meeting besprochen wurde, damit er wieder auf dem neuesten Stand ist.

Termin- und Meilensteinkontrolle

Die Kontrolle aller Fakten ist immer sehr wichtig. Auch die Meilensteinkontrolle spielt eine wichtige Rolle, sie gibt Aufschluss darüber, ob sich das Projekt im Zeitrahmen befindet oder ob dieser eventuell angepasst werden muss. Ein Abgleich mit Datum und erledigten Aufgaben kann Aufschluss über die Pünktlichkeit des Projektes geben. Wenn Sie bemerken sollten, dass es zeitliche Verzögerungen gibt, können Sie rechtzeitig einschreiten.

Teamwork - gut oder schlecht?

Teamwork ist in! Doch ist es wirklich immer von Vorteil?

Prinzipiell lässt sich nicht sagen, dass in einem Team Aufgaben immer besser gelingen, als wenn sich Mitarbeiter einzeln darum kümmern. Es kommt sowohl auf die Aufgabe an sich an, als auch auf das Team. Nur ein funktionierendes Team, das mit idealen Teamrollen besetzt ist, wird ein Projekt erfolgreich meistern. Der Vorteil der Teamarbeit liegt vor allem darin, dass Teams schaffen, wozu einzelne Personen nicht imstande wären.

Ich zeige Ihnen hier nun die Vor- und Nachteile von Teamwork auf, sodass Sie selbst entscheiden können, wann es sinnvoll ist, Aufgaben einem Team zu überlassen.

Vorteile:

Um Projekte mit straffen Zeitrahmen zu ermöglichen, ist die Zusammenarbeit in einem Team unerlässlich.

Spezielle Aufgaben, die ein einzelner nicht schafft, können vom Team bewältigt werden.

Ein Team, das eingespielt ist, kann zusätzlich unterstützen.

Mitarbeiter können voneinander lernen, so ist ein stetiger Ausbau der Fähigkeiten gegeben.

Nachteile:

Teams zu führen ist prinzipiell schwieriger, als einzelne Personen zu führen. Meist sind die Teams aus komplexen Konstellationen zusammengestellt.

In einem Team eine Fehlerquelle aufzudecken kann zeitraubend und manchmal unmöglich sein. Auch Erfolge können nicht oder nur schwer einzelnen Personen zugeteilt werden. Die Einzelleistung geht also etwas unter in einem Team.

Unter Teams kann es zu Problemen kommen. Teammitglieder können sich gegenseitig negativ beeinflussen und es kann sogar zu Mobbing kommen.

Auch können die Mitglieder die Einstellung bekommen, sich nicht mehr so anstrengen zu müssen im Team, wie sie das täten, wenn sie allein arbeiten würden.

Dann funktioniert ein Team gut:
Teammitglieder respektieren sich. Sie erreichen ihre Ziele fristgerecht und weisen schnell Erfolge aus. Konflikte sind selten oder gar nicht vorhanden zwischen einzelnen Personen. Innerhalb des Teams herrscht sozusagen Demokratie und alle werden einbezogen bei Entscheidungen. Auch die Hierarchieebenen der einzelnen Teammitglieder verlieren im Team, zumindest während der Zusammenarbeit, von Bedeutung.

Stress & erfolgreiche Konfliktlösung als Führungskraft

Führungskräfte kennen Stress nur zu gut, denn sie sind nicht nur für das Erreichen der Unternehmensziele, für die Mitarbeiter, sondern auch für sich selbst zuständig. Sie müssen ständig funktionieren und Bestleistung bringen. Das schlägt sie irgendwann an und kann sich natürlich auch negativ auf deren Gesundheit auswirken. Neben Stress sind Konflikte einer der Hauptgründe, warum Führungskräfte an ihre Grenzen kommen. Konflikte sind nicht zu vermeiden und werden früher oder später auftreten, wenn Menschen miteinander arbeiten.
Natürlich können Stress und Ärger auf Dauer richtig krank machen.

Manche Unternehmen bieten sogar ein Stressmanagement an oder Weiterbildungen für ihre Führungskräfte auf diesem Gebiet. Leider ist das aber eher noch die Ausnahme heutzutage, so hat jeder selbst für Stressausgleich zu sorgen. Umso wichtiger ist es, dass Sie gut auf sich achten und das auch Ihren Mitarbeitern lehren. Erkennen Sie Stress rechtzeitig und hören Sie auf Signale Ihres Körpers.

Damit Sie sich als Modern Leader Ihre Gesundheit, sowohl körperlich als auch seelisch, erhalten, habe ich ein paar Tipps für Sie.

Achten Sie auf Ihre eigene Person und reduzieren Sie auf diese Weise effizient Stress

Bemerken Sie eine gewisse Abgeschlagenheit?

Ist dies ein erstes Zeichen, dass der Arbeitsalltag Ihre Gesundheit beeinträchtigt?

Dann ist es Zeit, etwas zu ändern!

- Regelmäßige Bewegung.
- Entspannungsübungen.
- Meditationen
- Büro Yoga
- Ausgewogene Ernährung
- Genug Schlaf
- Viel Trinken

Stress reduzieren & richtige Prioritäten setzen

Nun gilt es zu ermitteln, woher der Stress kommt und vor allem ob Sie einen Teil Ihrer Arbeit nicht lieber delegieren sollten, um sich um die stressigeren Dinge zu kümmern und mehr Zeit sowie Gelassenheit zu erhalten. Prüfen Sie Ihre Arbeitsweise, schauen Sie sich genau an, was Ihnen Zeit und Nerven raubt. Setzen Sie Ihre Prioritäten neu.

- Delegieren.
- Regelmäßig Pausen einbauen.
- Zeitplan erstellen.
- Führungsaufgaben timen.
- To-Do-Liste erstellen.
- Keine Zusätzlichen Aufgaben auf den Tag verteilen.

Konflikte vermeiden und lösen

Streitereien und Konflikte können viel Stress auslösen. Versuchen Sie, Konflikte schnell zu lösen, am besten gar nicht erst aufkommen zu lassen. Unterschiedliche Ansichten sind an sich ein Gewinn, doch manchmal kann es eben auch zu Streit führen.
Hier bekommen Sie ein paar Tipps, wie Sie mit Konflikten umgehen können.

- Suchen Sie nach Lösungen
- Hören Sie gut zu, wenn Personen den Konflikt schildern und bleiben Sie dabei sachlich. Stellen Sie sich nie auf eine Seite!
- Lassen Sie sich von ALLEN Beteiligten erklären, was Sachlage und was das Problem genau ist.
- Durchschauen Sie Ihre Mitarbeiter: ist der angebliche Grund des Konflikts vielleicht nur ein Vorwand? Bestehen Interessenskonflikte, die nicht ausgesprochen wurde?

Gibt es Neid oder Missgunst, begehrt einer die Position des anderen? Erst wenn Sie das ausgeschlossen haben, können Lösungen gefunden und umgesetzt werden.

- Nehmen Sie die Beziehung unter die Lupe. Wie sieht die Beziehungsebene der Streitparteien aus? Ist die Beziehung vielleicht schon so beschädigt, dass eine Versöhnung ausgeschlossen ist? Oder kann alles sachlich und ruhig geregelt werden? Sollte ersteres der Fall sein, empfiehlt es sich zum Beispiel, einen der Mitarbeiter zu versetzen in eine andere Abteilung, natürlich nach Möglichkeit und nur mit dessen Einverständnis.

Ethik & Moral & Alltag.

Ethische Werte und das Einhalten bestimmter Etiketten verrät fremden Personen einen Teil Ihrer Einstellung. Durch Leitfäden und Richtlinien ist in vielen Unternehmen ein Miteinander klar geregelt. Es gibt Verhaltensregeln unter den Mitarbeitern, Führungskräften und bezüglich des Kontakts mit Außenstehenden und Kunden.
Diese Leitfäden sollen ein gängiges Miteinander fördern.
Moral ist etwas, was gerade für Führungskräfte eine wichtige Tugend darstellt. Denn schließlich führen sie andere und haben damit eine Verantwortung für diese Menschen. Die Führung eines Teams möchte man nur jemandem in die Hand geben, der gewisse Werte vertritt und Menschen schätzt. Es geht hier nicht darum, dass Sie als Leader ein Moralapostel sein sollen, sondern darum, dass Ihnen das Wohl aller am Herzen liegen sollte.

Ebenfalls enthalten ist zumeist eine Anleitung für die Abwicklung von Geschäften, diese muss eingehalten werden, sofern Sie vorhanden ist. Es nimmt etwas von der Eigeninitiative, gibt dafür jedoch ein geregeltes Miteinander. Das Unternehmen setzt auf

Zuverlässigkeit, Ehrlichkeit, Vertrauenswürdigkeit. Damit sichert es den eigenen Erfolg. Dieser würde durch Unzuverlässigkeit, Korruption oder Konfliktpotenzial gefährdet.

Das Einhalten der Leitfäden/Etiketten gilt für jeden. Jeder Mitarbeiter ist selber dafür zuständig zu schauen, dass er sich an die Richtlinien hält.

Es gibt auf der ganzen Welt unterschiedliche Begrüßungsformen, Tischmanieren, Arbeitsweisen, Umgangsformen oder Höflichkeitsfloskeln. Doch eines ist überall gleich: Aufmerksamkeit, Höflichkeit und Freundlichkeit gehören zu einem guten Benehmen. Durch diese drei Träger ist ein harmonisches Aufeinandertreffen möglich. Wertschätzung und Achtsamkeit gehören zur Grunderziehung und sorgen für ein friedliches Miteinander vor allem in schwierigen Zeiten.

Zusammenfassung – die wichtigsten Tipps für erfolgreiche Führungskräfte auf einen Blick

1. Achten Sie beim Delegieren von Aufgaben auf die jeweiligen Qualifikationen des Mitarbeiters.
2. Konflikte annehmen und schlichten, nicht missachten.
3. Balance zwischen Mitarbeitern und Führungskraft.
4. Mitarbeiter in ihren Stärken fördern und unterstützen.
5. Bleiben Sie authentisch.
6. Vorbildfunktion einnehmen.
7. Vereinbarungen immer schriftlich festhalten.
8. Offenheit und Kommunikation sind der Schlüssel zum Erfolg.
9. Wertschätzung und Anerkennung in den Alltag einbauen.
10. Lob in den richtigen Momenten einsetzen.
11. Setzen Sie jeden Tag auf Motivation.
12. Wahres Interesse an Ihren Mitarbeiten entwickeln.
13. Behalten Sie Ihr Fachwissen nicht für sich, sondern geben es weiter
14. Unterstützen Sie Ihre Mitarbeiter bei deren Entwicklung.
15. Stehen Sie nicht nur zu Ihren „Vorzeige-Leistungen“ sondern auch zu Fehlern.
16. Richtige Prioritäten setzen und auf einen gesunden Ausgleich zwischen Arbeitswelt und privat schaffen.

Bonus – Crashkurs Manipulation in der Arbeitswelt

Wer erfolgreich sein möchte, muss entsprechend handeln und reagieren. Der geschickte Umgang mit Menschen sowie sanfte, suggestive Manipulation Ihres Umfelds helfen Ihnen in Ihrer Karriere enorm. Mit Kenntnissen des Gebiets der Manipulation von Menschen können Sie nicht nur geschickt beeinflussen, sondern auch Versuche der Manipulation und Beeinflussung von sich abwenden. Das ist entscheidend dafür, dass Sie auf Ihrem Erfolgskurs bleiben und bekommen, was Sie wollen.

Auch als Führungskraft kann das Wissen über Manipulationstechniken behilflich sein. Auf den moralischen Aspekt dieser komme ich gleich zu sprechen. Manipulation kann als Waffe betrachtet werden, weshalb ich Sie Ihnen vorsichtig an die Hand geben möchte. Bedenken Sie immer, dass Sie diese Waffe niemals destruktiv gegen Personen oder zu deren Nachteil einsetzen sollten. Ich sehe Manipulation als Mittel zum Zweck beziehungsweise zur Zielerreichung. Selbstverständlich sollten Ziele dabei immer im Sinne aller sein, also auch Ihres Gegenübers. So betrachtet ist Manipulation nicht moralisch verwerflich. Es kommt lediglich darauf an, wer sie einsetzt und zu welchem Zweck.

Da Sie ganz oben mit schwimmen, müssen Sie sich vor den anderen Fischen auch in Acht geben. Nicht alle sind Ihnen wohlgesonnen oder spielen ein faires Spiel... Nehmen Sie deshalb die Zügel selbst in die Hände und lassen Sie nie mit sich spielen, als wären Sie eine Marionette.

Definition der Manipulation

Der Begriff leitet sich ab von „manus“, das ist lateinisch und bedeutet soviel wie „die Hand füllen“. Sinngemäß bedeutet das, dass man etwas in die eigenen Hände nimmt, zum Beispiel um andere Menschen in eine bestimmte Richtung zu lenken. Bei der Manipulation sollen nicht nur Ansichten, Meinungen, sondern auch Handlungen indoktriniert werden.

Im Prinzip ist Manipulation darauf ausgerichtet, Menschen zu helfen, Ihr Unterbewusstsein bewusst umzuprogrammieren und Blockaden zu lösen. Bestimmte Verhaltensweisen sollen angelernt werden.

Sie findet auch Anwendung in Werbung, der Politik oder der Psychologie. Sie müssen bedenken, dass Manipulation immer stattfindet. Sie ist nicht vom Alltag wegzudenken. Die Definition meint aber vor allem die Art Manipulation, die gezielt stattfindet.

Doch Manipulation hat oft einen negativen Beigeschmack. Menschen assoziieren sie mit etwas Negativem. Wir fürchten uns vor ihr, obwohl sie beabsichtigt, durch gezieltes Beeinflussen positive Resultate herbeizuführen. Vielleicht ist der Grund, warum sie doch verpönt ist, dass ihre Anwendung oft missbräuchlich stattfindet. Menschen manipulieren andere und schaden ihnen damit, anstatt die Macht der Manipulation für Positives zu nutzen. Da solche Menschen oft in der Berufswelt aufzufinden sind, sollten Sie sich und Ihren freien Willen schützen. Gerade als Führungskraft könnten es Rivalen, die Ihren Posten begehren, auf Sie abgesehen haben. Oder Ihre Vorgesetzten könnten versuchen, Sie negativ zu beeinflussen und für egoistische Zwecke zu instrumentalisieren.

Lassen Sie uns nun unterscheiden zwischen bewusster und unbewusster Manipulation.

Sie findet nämlich keineswegs ständig bewusst statt. Ganz oft zeigt sie sich im beruflichen wie auch privaten Alltag von unbewusster Natur. Ein Beispiel kann das kleine Kind sein, das versucht, seine Mutter mit einem liebevollen Lächeln dazu zu bringen, ihm Süßigkeiten zu kaufen. Diese Art von Manipulation nimmt man ihm sicher nicht übel! Dennoch ist es eine Manipulation, von der das Kind wahrscheinlich gar nicht weiß, dass es sie anwendet. Auf diese Art zieht sich die unbewusste Manipulation durch das gesamte soziale Miteinander.

Manipulation kann auch aufgrund psychischer Auffälligkeiten stattfinden. Menschen mit bestimmten Persönlichkeitsstörungen, wie der Borderline-Störung oder der narzisstischen Persönlichkeitsstörung, neigen oft zur Selbstverletzung. Doch solche Personen nehmen ebenfalls aktiv Einfluss auf ihre Umgebung und beeinflussen ihre Mitmenschen. Meist tun sie das nicht aus böser Absicht heraus, oft handelt es sich dabei um unbewusste Muster, die sie aufgrund ihrer psychischen Störung oder erlernter Verhaltensweisen an den Tag legen.

Vielleicht sind Sie nun der Meinung, dieses Thema würde Sie nicht betreffen, da Sie weder unter einer psychischen Störung leiden noch Menschen mit dieser in Ihrer Umgebung haben. Dem ist aber nicht so. Rein statistisch gesehen ist es so gut wie sicher, dass Sie eben doch mit solchen Menschen zu tun haben oder zu tun haben werden, nur ohne es zu wissen. Unter Ihren Vorgesetzten, Kollegen oder Mitarbeitern befinden sich mit hoher Wahrscheinlichkeit Personen, die psychisch krank sind und bestimmte Muster anwenden. Es ist gut möglich, dass diese nicht mal von sich wissen, dass sie unter einer Störung leiden. Ebenso wenig können Sie davon ausgehen, dass Sie das immer erkennen werden.

Damit Sie sich nun aktiv vor Manipulation von außen schützen können, sollten Sie sich stets selbst reflektieren. Auch Ihr Umfeld und die darin befindlichen Personen sollten Sie hinterfragen.

Gibt es Situationen, in denen Sie das Gefühl hatten, Sie wurden beeinflusst?

Gibt es Personen, die sich Ihnen gegenüber auffällig unauffällig verhalten?

Gibt es Personen, die übermäßig Ihrer Meinung oder freundlich sind?

Waren Ihre Entscheidungen in letzter Zeit immer frei getroffen?

Wie oft haben Sie sich in letzter Zeit überzeugen lassen und von wem beziehungsweise wozu hat das geführt?

Wenn Sie also wachsam bleiben, sind Sie automatisch vor Manipulation geschützt. Das heißt nicht, dass sie nicht trotzdem stattfindet. Sicher wird sie das, wichtig ist nur, dass es nicht zu Ihrem Nachteil geschieht. Das Einzige, was Sie gegen Beeinflussung unternehmen können, ist 1. sich darüber bewusst zu sein, dass es sie gibt und wie sie funktioniert und 2. sich selbst und andere ständig zu reflektieren.

Seien Sie ein Wachhund, denn was es zu beschützen gilt, ist Ihr persönlicher und beruflicher Erfolg und Ihre Position als Leader!

Grundlagen der Manipulationsvorbereitung

Nun erkläre ich Ihnen, wie Sie Manipulation vorbereiten, um Sie gekonnt in Ihrem Berufsalltag anzuwenden.

Die Emotionen Ihrer Mitarbeiter Ihnen gegenüber

Emotionen sind der Schlüssel zum Erfolg, wenn es um gekonnte Manipulation geht. Ohne Emotionen gelingt kein Manipulationsversuch. Wenn Sie beispielsweise einen Mitarbeiter von einer Änderung im Prozessablauf überzeugen wollen, reicht es nicht, ihn rein sachlich zu überzeugen. Sie müssen Ihre Beziehung zu ihm einfließen lassen. Wie bereits erwähnt, funktionieren Teams besser, wenn ein gutes Arbeitsklima herrscht und wenn die Beziehung zum Leader positiv ist. Herrscht eine gute Vertrauensbasis und wird sich gegenseitig Respekt entgegengebracht, fruchtet auch die Manipulation. Wir glauben oft, wir seien ausgesprochene Vernunftwesen, die sich überhaupt nicht von ihren Gefühlen lenken lassen. Dem ist aber nicht so. Emotionen spielen eine enorme Rolle, wenn Menschen Entscheidungen treffen.

Wenn Sie versuchen, jemanden von etwas zu überzeugen, dann sollten Sie subtil vorgehen. Anstatt dass Sie direkt sagen, was richtig sei und welche Meinung derjenige doch übernehmen soll, sprechen Sie besser nur Anreize aus, die dann bei der Person bewirken, dass sie selbst auf die Schlussfolgerung kommt. Achten Sie darauf, dass Sie Ihren Mitarbeitern die richtigen Reize senden, eben solche, die eine positive Wirkung zur Folge haben und auf die sie vermutlich so reagieren, wie Sie es beabsichtigen.

Die „Vorbereitung" der Manipulation sieht also so aus, für positive Emotionen und gute Beziehungsebenen zu sorgen. Auch die Bindung an Sie und das Unternehmen hilft später, wenn Sie auf Ihre Mitarbeiter Einfluss nehmen wollen.

Analyse der Persönlichkeiten

Bevor Sie Menschen erfolgreich lenken können, müssen Sie deren Persönlichkeit analysieren, denn nicht jeder Mensch ist auf die gleiche Weise zu manipulieren. Das Modell von Myers Briggs ist dabei behilflich. Bei diesem werden Menschen bestimmten Persönlichkeitstypen zugeordnet.

Es beschreibt vier Dimensionen. Es gilt herauszufinden, wie Ihre Mitarbeiter funktionieren und einzustufen sind.

1. Worauf lenken Ihre Mitarbeiter ihre Aufmerksamkeit? Sind Sie extrovertiert oder introvertiert?
2. Wie nehmen Ihre Mitarbeiter Informationen und Daten auf? Eher durch sensitive Empfindungen oder durch Intuition?
3. Wie treffen Ihre Mitarbeiter Entscheidungen? Sind Sie eher Denker-Typen oder entscheiden Sie emotional?
4. Wie gehen Ihre Mitarbeiter mit der Umwelt um? Urteilen sie eher über sie oder nehmen sie sie einfach nur wahr?

Die Einstufung innerhalb dieser Dimensionen kann Ihnen enorm helfen, wenn Sie Ihre Manipulation vorbereiten. Ist ein Mitarbeiter zum Beispiel eher der emotionale Typ, wenn es um das Treffen von Entscheidungen geht, sollten Sie seine Emotionen ansprechen. Ist er wiederum eher der Denker-Typ, sollten Sie ihn mit fachlichen Argumenten überzeugen, anstatt ihn auf emotionaler Basis anzusprechen. So gelingt Ihnen die Einflussnahmen viel besser!

Manipulationstechniken

Bei der Manipulation gibt es diverse Techniken, die Sie anwenden können. Vorerst stelle ich Ihnen drei Grundlagen-Techniken vor:

1. Das Prinzip der Gegensätze

2. Der Herdentrieb als Falle

3. Das Beharren als Taktik

Das Prinzip der Gegensätze

Bei dieser Technik machen Sie Ihrem Mitarbeiter einen Gefallen. Daraus fühlt er sich dann verpflichtet Ihnen gegenüber, etwas zurückzugeben. In der Zukunft können Sie also zum Ausgleich ebenfalls einen Gefallen einfordern. Der Trick besteht darin, dass Sie diesen Gefallen sogar öfters einfordern können. So profitieren Sie doppelt.

Der Herdentrieb als Falle

Der Herdentrieb besagt, dass Menschen bestimmte Dinge oder Verhaltensweisen akzeptieren, wenn der Rest sie auch akzeptiert. Das funktioniert ganz nach dem Motto: „wenn es die anderen ok finden, ist es für mich auch ok“. Sie können diese Manipulationsfalle zum Beispiel gut innerhalb Ihres Teams anwenden.

Das Beharren als Falle

Diese Falle funktioniert so, dass Sie Menschen zu etwas bringen, wenn Sie es selbst tun. Geben Ihre Mitarbeiter einmal nach und setzen den ersten Schritt in diese Richtung, werden sie mit großer Wahrscheinlichkeit auch weiter machen.

Neben diesen grundlegenden Techniken gibt es noch weiterführende, die ich Ihnen nun näher beschreiben werde. Damit haben Sie bereits gute Grundlagenkenntnisse und können eine sanfte Manipulation in Ihrem Job und für sich nutzen.

Der Autoritätstrick

Hierbei nutzen Sie Ihre Autorität als Führungskraft aus. Man verlässt sich sozusagen auf Ihre Meinung oder Aussage, da Sie es als Autoritätsperson beziehungsweise Experte besser wissen müssen. Wichtig ist, dass Sie diese Macht nie missbrauchen und diesen Trick immer nur dann anwenden sollten, wenn Sie sich Ihrer Sache 100% sicher sind.

Der Freundschaftstrick

Dieser Trick beschreibt das Vorgehen, dass Sie durch eine freundschaftliche Beziehung eine angenehme Atmosphäre schaffen. Daraufhin fällt es um vieles leichter, zu manipulieren und die Gegenseite von Ihrer Meinung zu überzeugen. Dieser Trick findet übrigens oft Anwendung im Verkauf.

Die Macht der Wiederholungen

Die Wiederholung ist absolut nicht zu unterschätzen, was ihre Wirkung und Manipulationskraft betreffen.

Kennen Sie das? Sie hören immer wieder die gleichen Nachrichten und glauben sie irgendwann. Sie hören immer wieder dasselbe Lied und irgendwann gefällt es Ihnen. Wenn Sie also unter Ihren Mitarbeitern eine Sache immer wieder wiederholen, die Sie durchsetzen möchten, beeinflussen Sie damit Ihre Mitarbeiter. Sie erhöhen die Chance enorm, dass Ihre Mitarbeiter diese Sache akzeptieren werden alleine aufgrund der Häufigkeit und Wiederholung, zu welcher sie sie gehört haben. In der Werbung funktioniert es ähnlich! Sie wird immer wieder wiederholt, bis sie sich einprägt und bis man ihren Versprechungen glaubt. Auch bei positiven Affirmationen, also Sätzen mit selbstbejahender Wirkung, funktioniert das so. Wenn Sie sich oft genug wiederholen, dass Sie ein Gewinner sind, werden Sie beziehungsweise Ihr Unterbewusstsein das irgendwann auch glauben! Die Kraft der Wiederholung funktioniert auch im negativen Sinne, wenn zum Beispiel wiederholt wird, dass eine Sache oder ein bestimmter Arbeitsprozess nicht funktionieren wird.

Nun haben Sie einen interessanten Einblick erhalten in das Gebiet der Manipulation. Nutzen Sie diesen kleinen Crashkurs und probieren die Techniken doch gleich selbst aus. Für den Anfang empfehle ich Ihnen, sie im privaten Umfeld zu testen und nicht gleich im Berufsleben. Durch diese Übung bekommen Sie die nötige Routine und Sicherheit dabei.

Viel Erfolg beim Manipulieren und beim Abwehren von Manipulationsversuchen!

Denken Sie daran, dass Sie die Waffe „Manipulation“ nur zu positiven Zwecken und zum Wohle aller verwenden!

Schluss

Sie müssen in den richtigen Momenten entscheiden, wann Sie als Führungskraft und wann als Teil des Teams auftreten. Sie müssen ein guter Ansprechpartner sein. Dafür ist eine Vertrauensbasis das Wichtigste.

Noch kein Meister ist vom Himmel gefallen. Wenn Sie die Ratschläge in diesem Buch befolgen, werden Sie auf dem richtigen Weg sein, sich mit Ihrem Team zusammen zu einer unschlagbaren Kraft zu entwickeln.

Ich hoffe, Sie haben durch dieses Buch einen guten Einblick erhalten. Vertrauen Sie in sich selber, leben Sie Ihre Balance und geben Sie Ihrem Team das Gefühl der Wertschätzung.

Ich wünsche Ihnen viel Erfolg bei Ihrer persönlichen wie beruflichen Weiterentwicklung als Führungsperson.

Danke

Ich bedanke mich herzlich bei Ihnen für Ihr Interesse an meinem Buch. Ich hoffe, Ihnen eine neue Sichtweise verschafft zu haben und Sie mit meiner Begeisterung für das „Modern Leading" angesteckt zu haben.

Viel Erfolg für Ihren Einstieg in die Welt der Führung oder beim Ausfeilen Ihrer Führungskompetenz

und Alles Gute für Sie.

Über den Autor

Mein Name ist Dr. Alexander F. Rautenberg. Ich bin 49 Jahre alt und wohnhaft in Frankfurt.

Seit 1998 bin ich freiberuflich als Managementtrainer, Berater, Moderator und Coach tätig, sowohl für Wirtschaftsunternehmen aus unterschiedlichen Branchen als auch für Behörden und Verbände.

Das Coaching war und ist schon immer meine Berufung. Auch nach über 20 Jahren arbeite ich mit Begeisterung und Engagement als Coach und biete Unternehmen meine Unterstützung sowie meinen Rat an. Ich sehe mich als Wegbegleiter, Mentor, Freund und Visionär. Der Mensch steht dabei immer im Mittelpunkt für mich.

Ich freue mich über Ihr Feedback

Für mich ist es sehr wichtig, Feedback zu meinem Buch zu bekommen. Wenn Sie Anregungen oder Verbesserungsvorschläge haben, so schreiben Sie mir doch bitte eine Mail an

dr.verlag@gmail.com

Ich freue mich sehr über konstruktive Kritik. Da es mich viel Zeit und Energie gekostet hat, dieses Buch zu erstellen, wäre ich Ihnen sehr dankbar, wenn Sie mir anstelle einer schlechten Bewertung Ihre Verbesserungsvorschläge persönlich zukommen lassen. Denn dann hätte ich eine Chance, Ihre Kritik anzunehmen und mein Buch zu verbessern.

Über eine kurze Rückmeldung in Form einer Rezension auf Amazon würde ich mich ebenfalls sehr freuen. Diese können Sie wie folgt erstellen: Besuchen Sie auf Amazon.de die Produktseite des Artikels, für den Sie eine Rezension erstellen möchten. Klicken Sie unter Kundenrezensionen auf „Kundenrezension verfassen“. Bewerten Sie den Artikel und verfassen Ihre Rezension.

Haftungsausschluss

Der Autor übernimmt keinerlei Gewähr für die Aktualität, Korrektheit, Vollständigkeit oder Qualität der bereitgestellten Informationen und weiteren Informationen. Haftungsansprüche gegen den Autor, welche sich auf Schäden materieller oder ideeller Art beziehen, die durch die Nutzung oder Nichtnutzung der dargebotenen Informationen bzw. durch die Nutzung fehlerhafter und unvollständiger Informationen verursacht wurden, sind grundsätzlich ausgeschlossen, sofern seitens des Autors kein nachweislich vorsätzliches oder grob fahrlässiges Verschulden vorliegt. Alle Angaben wurden vom Autor mit größter Sorgfalt und nach bestem Wissen und Gewissen recherchiert oder spiegeln seine eigene Meinung wider. Der Inhalt des Buches passt möglicherweise nicht zu jedem Leser und die Umsetzung erfolgt ausdrücklich auf eigenes Risiko. Es gibt keine Garantie dafür, dass alles genau so, bei jedem Leser, zu genau den gleichen Ergebnissen führt. Der Autor und/oder Herausgeber kann für etwaige Schäden jedweder Art aus keinem Rechtsgrund eine Haftung übernehmen.

Urheberrecht

Impressum

Dr. Alexander F. Rautenberg
© Green Indie Publishing

1. Auflage 2020

Kontakt:
c/o AutorenService24
Wenneberg 14
48653 Coesfeld
www.autorenservice24.de

Meine Stärken

Meine Schwächen

To-Do-Liste

Dort sehe ich mich in…

1 Jahr

Dort sehe ich mich in...
2 Jahren

Dort sehe ich mich in... 5 Jahren

Dort sehe ich mich in...
10 Jahren

Meine Träume & Wünsche

Meine beruflichen Ziele

Meine privaten Ziele

Persönliche Notizen

Persönliche Notizen

Persönliche Notizen

Printed in Poland
by Amazon Fulfillment
Poland Sp. z o.o., Wrocław

16435859R00077